Les fous rires des Grosses Têtes

DU MÊME AUTEUR

Les Passions du dimanche

Carnets mondains
(Grand Prix de l'Académie de l'humour 1962)

Madame n'est pas servie

Untra-guide de Deauville

Paris la nuit

Petit précis de sociologie parisienne
(prix Tallemant-des-Réaux)

Lettre ouverte aux marchands du Temple

Comment devenir animateur de radio sans se fatiguer

Un oursin dans le caviar
(prix Scarron)

La Cuisse de Jupiter (roman)

Impair et passe
(Un oursin sur les tapis verts) (roman)

Du vinaigre sur les huiles

Et si je disais tout...

L'Huile sur le feu

En pièces détachées

Douze mois et moi

Tous des hypocrites sauf vous et moi...

Les champions du Loto

Philippe BOUVARD

Les fous rires des Grosses Têtes

RTL EDITION JCLattès

A Jean Farran
A Raymond Castans
A Jacques Rigaud
à qui « les Grosses Têtes » doivent d'avoir existé, d'avoir prospéré et d'avoir surmonté leurs crises de croissance.

Ph. B.

I

La petite tête, c'est moi...

LA PETITE TÊTE, C'EST MOI

Bien qu'il ne soit plus besoin de présenter « les Grosses Têtes », je continue à intervenir. Sur les ondes d'abord, dans les autres médias ensuite, tant il est vrai que cette émission qui ne ressemble pas aux autres (heureusement pour elle et heureusement pour les autres) constitue un phénomène à la limite de l'irrationnel et de l'inexplicable. Sur le papier au moins.

Sur le terrain, en revanche, le succès paraît plus clair. Rien ne renseigne mieux qu'un enregistrement en public sur l'impact hilarant d'une session quotidienne qui en est à sa septième année d'existence. Bien sûr, il n'est pas évident que ce cocktail parfois un peu râpeux et pas toujours d'un goût sur puisse étancher la soif de culture en même temps que le besoin de gauloiseries de près de quatre millions de francophones. On aurait même pu croire que l'alibi culturel dissuaderait les amateurs de calembredaines et que, à l'inverse, ces dernières feraient tourner le bouton à ceux qui tiennent l'audio-visuel pour la petite Sorbonne du pauvre.

Eh bien, les statistiques sont formelles : il n'en a rien été. Sans doute parce que le savoir et la gaudriole, très séparés dans les autres pays, font partie du tempérament hexagonal.

« Les Grosses Têtes » d'aujourd'hui n'ont qu'un assez lointain rapport avec « les Grosses Têtes » d'hier. Vous ne trouverez personne — et surtout pas moi — pour affirmer que leur évolution s'est poursuivie dans le sens de la rigueur et de la dignité. Mais on rit, on rit beaucoup, et le rire n'est jamais — les comiques le déplorent assez — qualitatif. Alors, pourquoi bouderait-on son plaisir sous prétexte que la civilité puérile et honnête n'est pas toujours respectée, puisque le reste du temps et dans d'autres activités la morale en prend également de grands coups sous prétexte d'accélération des mœurs ?

On notera au passage que ce qui est possible — après montage — à la radio est encore prohibé à la télévision où la notion de service public et le grossissement par l'image n'autorisent pas encore les mêmes hardiesses verbales. Ce n'est pas que les propositions de passer sur le petit écran aient manqué aux « Grosses Têtes ». Mais tous les essais se sont révélés négatifs. Tantôt la présence de la caméra faisait descendre une chape de plomb sur la fantaisie des participants, tantôt l'exubérance de ces derniers se traduisait par des gestes obscènes qu'aucune chaîne honnête n'aurait osé retransmettre au public. Au bout de sept ans, on en est donc arrivé à cette double certitude : « les Grosses Têtes » ont écrit une page importante de l'histoire de la radio, mais elles doivent s'arrêter au seuil des studios de télévision.

A priori, on avait imaginé un succès reposant sur le goût que nos compatriotes éprouvent à la fois pour les jeux dotés de prix en argent, pour l'émulation dans le domaine de la connaissance et pour l'intérêt qu'ils manifestent aux dialogues avec des gens connus. *A posteriori*, les motivations semblent différentes. En fait, le triomphe des « Grosses Têtes » provient surtout de ce qu'elles font quotidiennement fonctionner le seul guignol pour grandes personnes que possède notre pays.

Sans compter que, depuis sept ans, la conjoncture n'ayant cessé de se détériorer, les porte-monnaie et les visages de s'assombrir, l'antimorosité est devenue une espèce de Graal, si précieux que les descendants des chevaliers du roi Arthur chipotent à peine lorsqu'ils le trouvent au-dessous de la ceinture. Dans ce dernier domaine, le grand studio de R.T.L. prend certains jours le relais des salles de garde et des banquets d'amicales régimentaires. Parfois, les histoires sont tellement lestes qu'on n'ose pas les faire entendre à l'auditeur auquel on se borne à livrer les rires qu'elles ont provoqués.

D'autres raisons sont plus subtiles. Par exemple, le dosage des « rôles » où, comme dans le répertoire classique, les principaux « emplois » sont toujours tenus. Par exemple, l'assurance de découvrir des vedettes de la littérature, de la politique, de la chanson ou de l'audio-visuel sous un jour nouveau. Par exemple, les rapports de force institués entre les membres de la famille des « Grosses Têtes ». De la même façon que les lecteurs de la presse écrite achètent chaque matin le même journal pour lire des articles bénéficiant de la même orientation, les auditeurs des « Grosses Têtes » se branchent rituellement vers 16 h 30 sur R.T.L., afin d'entendre broder sur les cinq ou six thèmes qui constituent les axes de l'émission. Mais voyons le détail si vous le voulez bien.

Le tempérament bougon d'Olivier de Kersauzon a sans doute fait plus pour sa gloire que ses performances maritimes. Le public attend de lui — et il est rarement déçu — qu'il dise des horreurs à tout le monde, sur tout le monde et qu'il voue aux services du S.A.M.U. ceux qui ont l'impudence de lui porter la plus légère contradiction. Ajoutez à cela une prodigieuse capacité d'improvisation qui fait de lui sur le plan oral le dernier disciple de l'écriture automatique chère aux surréalistes, et vous comprendrez pourquoi le vicomte-amiral empêche souvent de dormir sur leurs lauriers les professionnels du micro qui pardonnent mal à cet amateur trop doué d'avoir plus de talent qu'eux.

Gérard Jugnot, lui, incarne le Français moyen — pas très grand, déplumé, chauvin, râleur et xénophobe — face à un public réclamant de plus en plus de vedettes à son image. En même temps qu'il représente l'avant-dernière génération du spectacle, les survivants du café-théâtre et un certain non-conformisme sonore directement hérité du pétomane.

Comme Jean Yanne qui ne revient jamais en Europe sans passer plusieurs soirées rue Bayard, Jugnot a apporté un humour personnel et original. Les deux hommes sont surtout inspirés par l'absurde, mais leurs démonstrations sont très différentes. Yanne démonte longuement et subtilement les non-sens de l'époque et de la société, Jugnot procède à coups de petites touches précises et rapides.

L'humour de Philippe Castelli est informe à force

d'être mou. Mais cela ne retire rien à son efficacité. Bien au contraire, puisque ânonnées d'une voix pâteuse et déformées par une élocution hésitante, ses vérités premières rallient de plus en plus de rouges tabliers.

Castelli est d'ailleurs plus un phénomène social qu'artistique. Le grand public apprécie qu'il ait poussé la modestie jusqu'à attendre cinquante-sept ans pour se faire connaître et qu'il ait pu accéder au vedettariat en ressemblant davantage à une feuille de contre-plaqué qu'à Alain Delon. Souffre-douleur patenté des autres « Grosses Têtes », Castelli ne recueille pas que des camouflets et des horions. Comme il tient le rôle du plus faible, du plus désarmé, du plus pauvre et du plus esseulé, la sympathie du public va en priorité vers lui.

Le cas de Sim — doué par la nature de possibilités artistiques multiples et variées — s'apparente néanmoins à celui de Castelli dans la mesure où son physique lui vaut des comparaisons peu flatteuses et où, comprenant que la malveillance est une chose trop importante pour la laisser à d'autres, Sim pratique avec bonheur l'art subtil de l'autodérision. Il n'a qu'à rappeler que son papa et sa maman, qui avaient acheté au lendemain de leur mariage un traité d'éducation sexuelle, se sont trompés de page au moment de le concevoir pour mettre définitivement les rieurs de son côté. Chanteur de variétés mais aussi interprète du répertoire lyrique pour peu qu'on le lui demande poliment, mime, comédien, homme-caoutchouc, Sim est un bruiteur prodigieux. De son gosier, véritable providence des productions à petit budget, peuvent sortir à peu près tous les bruits du XXe siècle. Qui ne l'a pas entendu imiter — à ma demande — le cri d'un bébé réveillé en sursaut dans un express attaqué par des bombardiers en piqué ignore tout des possibilités buccales des bipèdes.

Léon Zitrone illustre le changement que le psychodrame des « Grosses Têtes » a pu provoquer dans les personnalités que l'on pensait le plus solidement structurées et le mieux connues.

Coopté sur sa notoriété voici plusieurs années, Léon paraissait une « Grosse Tête » toute désignée (par ses dimensions, par sa faconde et par son érudition), mais une « Grosse Tête » solennelle, sans humour, bref, au premier degré. Or peu à peu il s'est dégelé au point de devenir le boute-en-train de la bande. Aujourd'hui, non seulement il répond du tac au tac aux questions indiscrètes qui fusent à propos des péripéties de sa vie sexuelle, mais encore il fait des plaisanteries et raconte des histoires que le regretté Champi n'aurait pas toujours osé inscrire à son répertoire. A telle enseigne que je ne crains pas d'affirmer qu'un autre Zitrone est né voici deux ans au 22, rue Bayard, qui n'a plus rien de commun avec l'autre, et que l'accouchement a été bénéficiaire pour tout le monde, puisque le Léon des « Grosses Têtes » a découvert une truculente joie de vivre qu'il ne soupçonnait pas et que le public, qui se bornait jusque-là à l'admirer, s'est pris d'affection pour lui en s'avisant qu'il savait être un homme comme les autres, plus drôle même parfois, et qu'on pouvait avoir été le confesseur laïque des grands de ce monde et le roi du « direct » sans abdiquer le sens de l'humour.

Qu'il me soit permis à cet égard une digression personnelle. Jusqu'aux « Grosses Têtes », j'ai été l'affreux jojo des ondes, celui qui se payait la tête de ses contemporains les plus éminents, qui ne respectait rien ni personne, qui avait toujours le dernier mot et qui, attaquant toujours le premier selon une méthode que les escrimeurs et les joueurs d'échecs connaissent bien, n'était jamais lui-même attaqué. « Les Grosses Têtes » m'ont également humanisé puisque je suis devenu une de leurs cibles, et aux réactions du public j'ai maintenant la certitude que je suis mieux vu pour les plaisanteries que j'ai acceptées que pour celles que j'ai faites sur le compte des autres. Je ne commence d'ailleurs jamais la présentation d'un gala hors antenne des « Grosses Têtes » sans dire aux milliers de spectateurs réunis sous un chapiteau géant : « Le nain du bois de Boulogne vous salue ! »

Le bilan est donc d'autant plus positif que, comme tous les vrais succès modernes, « les Grosses Têtes » ne se sont pas limitées à leur moyen d'expression d'origine. N'ont-elles pas déjà produit extra-radiophoniquement deux livres, six 33 tours, une vidéocassette, un journal, des jeux et des galas qui, deux fois par mois, réalisent la double performance de réunir un maximum de spectateurs — deux à trois fois plus que pour Hallyday ou Sardou — et de présenter un spectacle qui ne ressemble à aucun autre (cinq messieurs en complet de ville installés derrière une table pour dire n'importe quoi pendant deux heures dix) ?

Je n'irai cependant pas jusqu'à prétendre que l'arrivée sur scène au son des grandes orgues du pseudo-cadavre de Philippe Castelli, le ventre surchargé de plantes vertes, mollement installé sur un catafalque roulant, encadré par quatre cierges allumés, suivi par Sim déguisé en veuve tandis que Zitrone commente la cérémonie avec le sérieux qu'il avait apporté aux funérailles de Churchill ou de De Gaulle, constitue un sommet de la culture et du bon goût. Je crois pourtant qu'il faudra en tenir compte si un jour on veut écrire l'histoire complète du show bizz de la seconde moitié du XXe siècle.

Seule ombre au tableau : l'échec de tous ceux — et ils se comptent par dizaines — qu'une réputation justifiée d'esprit et de culture m'avaient poussé à convier et qui n'ont jamais couru assez vite pour se hisser en notre compagnie sur la plate-forme de l'autobus du fou rire. Ils sont venus deux fois (chaque enregistrement est conçu pour approvisionner deux émissions), et puis on ne les a jamais revus. D'autres — comme Jean Dutourd et Jacques Martin — ont rayonné avec éclat pendant plusieurs années et puis ont dû peu à peu prendre leurs distances avec une formule qui avait évolué.

Je garde à tous mon amitié et ma reconnaissance. Je n'ignore pas que le petit jeu qui consiste à installer fugitivement une nouvelle « Grosse Tête » au milieu des anciennes est un des plus cruels qui soient. D'abord il se déroule en public, et le public n'adore rien tant que de voir dévorer les fauves. Ensuite, « les Grosses Têtes » à part entière forment un club qui accepte ou refuse, sans autre critère d'appréciation que la tête du client, les candidats qui lui sont soumis. Enfin, la radio qui fait le succès de quelques tempéraments superficiels, au nombre desquels je me compte, réserve souvent un sort injuste aux plus talentueux et aux plus intelligents, tant il est vrai que devant un micro un bon mot qui arrive avec seulement quinze secondes de retard n'est plus un bon mot.

Je l'avoue. « Les Grosses Têtes » ont changé ma vie.

Parce qu'on ne me parle plus que d'Elles. En oubliant que je fais beaucoup d'autres choses.

Parce que avant Elles je n'avais jamais vu cinq mille personnes de face. Je n'étais jamais monté sur une scène de théâtre et je n'avais jamais raconté en public les « bien bonnes » dont je m'esclaffais en privé.

Parce qu'Elles m'ont donné l'occasion de découvrir Philippe Castelli et de recouvrir Miss France.

Parce que je vis désormais dans la familiarité des princes de l'humour.

Parce que je connais maintenant des dizaines de bonnes histoires et encore davantage de détails historiques, géographiques, scientifiques et littéraires complètement inutiles.

Parce qu'Elles m'ont redonné le goût de rire de tout, de peur d'avoir à en pleurer.

Parce qu'Elles m'ont enseigné que le rire n'est pas seulement le propre de l'homme, mais aussi celui de la femme, de tous les sexes intermédiaires, des chauffeurs de taxi, des enfants, du troisième et du quatrième âge.

Parce que je suis ainsi devenu un des rares Français qu'on paye pour s'amuser chaque jour avec des copains.

Parce que « les Grosses Têtes » sont plus qu'une émission à succès.

Je veux dire une institution, un phénomène de société et, surtout, une bonne action dans la mesure où Elles représentent l'antidote à tous nos empoisonnements quotidiens.

Chaque jour, les lettres et les cartes postales arrivent par sacs entiers rue Bayard. Lorsqu'on a éliminé les questions qui avaient déjà été posées à l'antenne, celles qui partent visiblement d'un postulat inexact, celles qui sont illisibles, celles dont les fautes de français ou de syntaxe laissent à penser que la réponse n'offre guère d'intérêt, vient alors la sélection ultime que j'effectue en fonction d'une expérience déjà vieille de sept années.

Je retiens tout ce qui me paraît pouvoir enrichir ou divertir l'auditeur. A condition, bien sûr, que l'enrichissement ne soit pas trop technique. Et que le divertissement ne soit pas trop vulgaire. Là comme ailleurs, le secret de la réussite réside dans un harmonieux dosage. Un dosage qu'il m'a fallu des semaines et des mois pour parvenir à déterminer d'une façon à peu près rigoureuse. Je place d'abord deux citations humoristiques pour détendre l'atmosphère, c'est-à-dire pour dérider « les Grosses Têtes » et pour mettre la salle en joie. Puis j'utilise deux ou trois questions avec possibilité d'extrapolations grivoises. Puis quelques questions historiques, littéraires ou scientifiques où figurent pêle-mêle deux rois de France, un pape, un inventeur, un champion sportif avant de revenir à une petite polissonnerie pas méchante. Après quoi, j'enchaîne avec une statistique ignorée mais, comme disent les sociologues, signifiante, un peu d'ethnologie pittoresque, un zeste de linguistique et un chouia de folklore maghrébin.

La session se termine comme elle a commencé, c'est-à-dire par une boutade, maxime ou pensée dont « les Grosses Têtes » doivent découvrir l'auteur. Je prends d'extrêmes précautions afin de ne pas me faire donner des démentis sur l'antenne, et deux questions sur trois ne sont retenues qu'après complément d'information et confirmation. Ce qui n'empêche pas les bavures de se produire parfois. Je garde ainsi le souvenir (aussi amusé que contrit) d'un personnage proche de Louis XIV que je demandais aux « Grosses Têtes » d'identifier en ne leur fournissant que cette précision : « Il était le confiseur du roi. » Pendant trois minutes « les Grosses Têtes » — parmi lesquelles ce jour-là siégeaient d'éminents historiens — cherchèrent en vain le nom de ce confiseur. Et pour cause ! Une erreur de frappe que je n'avais pas décelée avait transformé le confesseur du roi en confiseur. Ma confusion fut extrême lorsque, devant le public qui se tenait les côtes, on rétablit la vérité.

La constitution de l'équipe des « Grosses Têtes » pose également de bien délicats problèmes. Problème de dosage comme pour les questions. Problème d'inimitié (il faut éviter d'asseoir au coude à coude des gens notoirement fâchés), mais aussi problème d'amitiés (car les « copains » finissent par faire de très mauvais numéros dans la mesure où ils se bornent à rééditer indéfiniment les mêmes sketches). Problème d'horaires aussi. Problème de disponibilité des uns et des autres enfin. Un perpétuel va-et-vient règne donc dans ce que nous appelons un « panel ».

Il faut tenir compte des dîners en ville, des tournages, des séances de postsynchronisation, des galas, des tournées en province. C'est là qu'interviennent mes fidèles collaborateurs chargés de décider les uns, de décommander les autres et d'expliquer avec la plus parfaite bonne foi que l'enregistrement de ces trois heures d'antenne (on « met en boîte » deux émissions à la fois) ne durera pas plus de vingt minutes. Pour être efficace, un « panel » doit obligatoirement comporter des éléments détonnants : une actrice très jeune qui traîne dans la boue le barbon de service, un politicien furibard, un naïf cerné par trois vicieux, un professeur qui ne sait rien mais qui parle tout le temps, un comique qui ne veut pas laisser parler un autre comique.

L'œil de Bernard Desfoux, mon supertechnicien, constitue mon phare. Il y a quinze ans que nous travaillons ensemble. Nous nous sommes d'abord beaucoup parlé. Puis nous nous sommes compris à mi-mot. Aujourd'hui, un sourire, un battement de paupières nous suffit pour échanger nos impressions. Je vois à sa mimique si nous sommes trop court ou trop long, si le ton est mou, si les plaisanteries sont neuves ou ont une grande barbe, si la pudeur et la décence exigeront plus de coupures que d'habitude. Ce que Bernard Desfoux redoute le plus, ce sont moins les plaisanteries d'un goût douteux qu'il isolera au montage avec la minutie d'un chirurgien opérant une cornée au laser que les « chevauchements » de voix qui rendent inaudibles les boutades les plus irrésistibles. Ainsi notre indiscipline impose-t-elle parfois douze heures de bricolage pour mettre en vedette des interventions qui n'occuperont que quarante minutes à l'antenne ! Dès qu'un enregistrement se termine, je ne manque jamais d'aller recueillir l'impression de Bernard Desfoux. Elle ne coïncide pas toujours avec celle que je m'étais forgée sur le plateau. Mais je sais qu'en fin de compte c'est lui qui aura raison.

La réussite des « Grosses Têtes » est, comme toutes les réussites radiophoniques, fondée sur l'habitude. Habitude d'écouter le même poste à la même heure et d'y retrouver la même émission faite avec les mêmes gens. Ces habitudes se retrouvent autant dans la coulisse que sur scène. L'équipe technique est composée d'habitués, le public aussi...

Les spectateurs du Grand Studio trouvent leur place réservée comme à l'église le dimanche dans les paroisses rurales. On les connaît. Ils se connaissent. On leur serre chaudement la main. On les embrasse parfois. Ils sont au courant de tout ce qui touche « les Grosses Têtes » et l'animateur. Les cadeaux pleuvent, quotidiens : sucreries (qui mettent en danger notre ligne), bonnes bouteilles, saucissons et pâtés de campagne, gilets tricotés. J'en passe. On ne se sépare jamais sans que dix voix lancent l'interrogation rituelle : « A quand la prochaine ? » Lorsqu'un de ces fidèles s'absente durant quelques jours pour raisons de famille, de maladie ou de vacances, il vient nous saluer à son retour en nous expliquant pourquoi il a raté — sinon sur l'antenne, au moins dans le Grand Studio — quelques émissions. Pour un peu il nous fournirait un certificat médical.

Les rapports de l'animateur et des « Grosses Têtes » reposent sur un énorme et indispensable malentendu : l'animateur est par définition celui qui connaît le moins de choses. Or, il est condamné à tenir le rôle du professeur. A la fois en guidant (un peu, mais pas trop) les éminents académiciens ou les savants professeurs qu'il a réunis — très provisoirement — sous sa houlette, mais aussi en redressant parfois et *in extremis* quelques éléments déformés du questionnaire.

« Les Grosses Têtes » exploitent une technique héritée de la commedia dell'arte. C'est-à-dire que chacun a son emploi et utilise son voisin dès qu'il ne peut plus utiliser ses connaissances. D'où une répartition très précise des rôles, mais aussi une personnalisation souvent excessive des débats. Le maître (apparent) du jeu le sait bien, qui éprouve les plus grandes difficultés à demeurer neutre et à se tenir en dehors du spectacle tout en y participant chaque fois qu'il menace de dégénérer ou de s'étioler.

Au départ, nous disposions de deux types de comportements distincts : le comique et le culturel. Ce distinguo n'a pas résisté au phénomène de l'osmose. En quelques semaines, les comiques ont décidé de montrer leur culture, tandis que les culturels exhibaient reconventionnellement leur humour. D'où des intermèdes inattendus, savoureux, que nous n'avions pas envisagés, mais qui sont devenus les véritables chevaux de bataille de l'émission. Sans ce transfert des compétences, vous n'auriez jamais entendu Jean Dutourd interpréter (sur bande orchestre, s'il vous plaît ! *Joinville-le-Pont, J'ai un petit vélo* — (ces deux tubes étant dus pour les paroles au cher Roger Pierre) ou *La machine à laver.* Oserais-je affirmer que le *Trou la la trou lalaire* susurré quotidiennement par l'auteur de *Au bon beurre* à l'usage de deux millions d'auditeurs a fait plus pour sa popularité que sa production journalistique et son œuvre littéraire réunies ? Oui !

J'oserai parce que rien n'est plus exact. En trois ans, Jean Dutourd n'a cessé de se rapprocher des Français qui ont découvert que, derrière le penseur, l'érudit et l'académicien couvert d'honneurs, il y avait un homme, un vrai, qui faisait passer l'humour avant toute chose, qui n'avait pas peur de dire ce qu'il pensait et qui n'était dupe d'aucun des avantages dont il semblait profiter.

Il s'agit donc d'un genre hybride. C'est de la radio parce qu'il y a des micros. Mais c'est du théâtre parce que les enregistrements ont lieu en public, parce que ce sont les spectateurs qui, par leur rire, par leurs réactions (et aussi, il faut bien l'avouer, par les réponses qu'ils soufflent), donnent son atmosphère et ses vraies dimensions au festival des « Grosses Têtes ».

Impossible, même si l'on n'est jamais monté sur les planches, de ne pas s'intégrer d'instinct à ces entrées de cirque dont j'espère être le M. Loyal. Tout le monde se laisse prendre et emporter par le rythme et par la fantaisie. Qu'il s'agisse d'Immortels venus un peu guindés du quai Conti et qui repartent après avoir égrené des chapelets d'histoires de corps de garde. Qu'il s'agisse d'hommes politiques qui, dans le Grand Studio, font pour une fois leur plein de voix sans distinctions idéologiques, qu'il s'agisse de professeurs ou d'écrivains qui redeviennent durant quelques dizaines de minutes de véritables potaches.

Des tandems se forment, parfois inattendus : Jean Dutourd-Jean Lefebvre, Jean Yanne-Paul Guth. Chacun dispose d'une gamme de possibilités dont je dois connaître le catalogue exact. D'abord, pour que tous mes invités soient mis en valeur. Ensuite, parce que rien ne meuble mieux les inévitables temps morts que d'appeler à la rescousse Mme de Sévigné, que d'entonner *La petite Émilie* ou que de demander à Sim de se transformer en bébé l'espace d'une tétée refusée ou que de faire de Jacques Martin un ténor du même nom.

Lorsque les questions sont trop ardues je dois aider — mais pas trop — « les Grosses Têtes ». Je dois à la fois susciter la plaisanterie pour détendre le public et veiller à ce qu'elle n'aille pas trop loin pour ne pas offusquer certains auditeurs. Je dois mettre en condition les petits nouveaux (qui, très rapidement, deviendront de grands anciens). Je dois calmer les mauvaises humeurs, gommer les réclamations (« La question est idiote », « Ce n'est pas la bonne réponse ») ainsi que les mouvements revendicatifs (« C'est moi qui ai répondu le premier ! »). A votre serviteur revient enfin la tâche de canaliser les manifestations d'exhibitionnisme après une bonne plaisanterie, une bonne réponse (tour d'honneur à la façon des cyclistes ou les deux bras levés comme les boxeurs) et de veiller à ce que la tête de Turc du jour, parfaitement anesthésiée par mes compliments liminaires et par mes encouragements courtois, soit la seule personne du Grand Studio à ne pas se rendre compte du traitement qu'on lui fait subir.

On me dit souvent que rien n'est plus facile que de paraître avoir de la culture lorsqu'on lit la documentation établie par d'autres. Voire ! Primo, ce n'est pas toujours aisé de sembler se mouvoir à l'aise dans des disciplines qu'on ignore totalement. Deuxio, on risque de se laisser impressionner par la qualité et par l'érudition des invités prestigieux. Tertio, rien n'est plus délicat que la présentation quotidienne des « Grosses Têtes », puisqu'elle exige que l'on se renouvelle cinq fois par semaine tout au long de l'année et que l'on mélange le dithyrambe et la vacherie dans des proportions qu'aucun pharmacien ne saurait définir mais qui ne relèvent jamais de l'homéopathie...

Comme l'œuvre d'un grand peintre, « les Grosses Têtes » ont connu différentes périodes que je me permets de résumer ci-dessous à l'attention des futurs historiens de la radio.

1) *Période préhistorique*

Les participants et l'animateur enfermés dans un petit studio avec pour tous spectateurs les techniciens derrière leur paroi vitrée.

2) *Période Jean Lefebvre :*

Haute en couleur et débridée, on y a beaucoup parlé de belles-mères. Le « Est-ce que ça a un rapport avec le sexe ? » est devenu ainsi un classique des ondes.

3) *Période Balutin*

Le comédien-bricoleur-cycliste-autodidacte a fait merveille dans cette course qui ne semblait pas au départ conçue pour les champions de sa catégorie. A coup d'histoires lestes, de reparties lancées comme des fusées et surtout du gros bon sens qui peut parfois remplacer la culture, Balutin a surpris même ceux qui croyaient le connaître.

4) *Période Jean Dutourd*

C'est durant sa prestation aux « Grosses Têtes » que l'auteur de *Au bon beurre* est devenu académicien. Certains Immortels grincheux l'avaient sommé de choisir entre les salacités de l'antenne et la solennité académique. Il passa outre et il eut raison, puisqu'il fut élu sous la coupole dans un fauteuil qu'il occupe toujours. Frégoli de la culture, réincarnation de Pic de La Mirandole, il connaît tout et, qui plus est, range dans un ordre parfait tout ce qu'il sait. Aussi n'a-t-il besoin de solliciter longtemps sa mémoire pour en extirper la dynastie des carolingiens, la formule du gaz carbonique ou la jeunesse orageuse de Baudelaire. Les amateurs de couplets grivois lui doivent d'avoir connu *La petite Émilie*, mignonne enfant odieusement dépouillée de son système pileux le plus intime par un fabricant de tapis. Jean Dutourd, lui, doit au public de la radio une popularité que ses livres les plus lus ne lui avaient jamais procurée. En montrant qu'il savait tout sur tout, mais qu'il ne se prenait pas au sérieux et que les contrepèteries n'avaient pas plus de secrets pour lui que le droit canon ou la retraite des Dix Mille, le plus frondeur des académiciens a humanisé son image.

5) *Période Jean Yanne*

En réapparaissant sur les ondes après une longue absence pour cause de cinéma, Jean Yanne a apporté aux « Grosses Têtes » l'impact d'un humour qu'une décennie de placard n'avait pas démodé tant il se trouvait, à l'origine, en avance sur son temps. Des numéros comme la diatribe sur Christian Bonnet, l'ancien ministre de l'Intérieur, ou la magistrale improvisation sur les charmes de Montluçon ont constitué des morceaux d'anthologie dès la minute où ils ont été introduits dans l'oreille des auditeurs.

6) *Période Jacques Martin*

C'est sans doute avec « les Grosses Têtes » que le Martin a atteint son zénith radiophonique. La formule lui convenait pour de multiples raisons : parce qu'il n'est jamais meilleur que lorsque, n'ayant pas la responsabilité d'une émission, il peut se mettre les pieds sous la table et ne se préoccuper que de sa propre fantaisie ; parce que, jamais auparavant, les deux principales facettes — la culture et le comique — du maître Jacques de l'audio-visuel français n'avaient trouvé plus large emploi. Martin, qui sait tout faire, a tout fait aux « Grosses Têtes ». Ses ressources d'imitateur, son goût du happening, ses possibilités vocales ont parfois donné l'impression aux auditeurs de R.T.L. qu'il n'y avait non pas quatre artistes mais au moins une bonne douzaine autour de moi.

7) *Période Le Luron*

Avec ses dons multiples, les quelque cent quatre-vingts personnages célèbres de son catalogue, son intelligence subtile et son goût de l'irrévérence, Le Luron a pris aussi aisément « les Grosses Têtes » en marche que Guy Drut rattrape un autobus dans Paris. Grâce à lui, Georges Marchais est devenu un familier de R.T.L. à une heure où d'ordinaire les politiciens se manifestent peu.

8) *Période Kersauzon*

Le vicomte-navigateur est une vraie découverte. Entendez par là qu'il n'avait jamais fait de radio avant que Jacques Martin, qui lui devait des soirées hilarantes chez Castel, me suggère de l'inviter un soir. Je fus d'abord réticent, sachant par expérience que les talents de société dérident rarement plus de vingt personnes. J'avais tort. Tout de suite ce fut l'éblouissement. Kersauzon parlait en alexandrins comme Racine, faisait des colères comme Céline et jouait avec les mots comme Devos. Mal embouché, phallo, mysogine et misanthrope à la fois, il est la seule « Grosse Tête » que j'ai vue demeurer obstinément muette durant toute une soirée lorsqu'il n'était pas de bonne humeur ou lorsqu'il estimait que le cachet qu'on lui allouait ne rétribuait que sa présence. Pratiquant l'abordage comique avec une rare maestria, il accumule les invectives comme on hisse une voile au mât, cingle vers ceux dont la figure de proue ne lui revient pas et expédie par le fond les imprudents qui tentent de lui répondre. Sans doute cette extraordinaire explosion verbale s'explique-t-elle par les longues périodes de mutisme que Kersauzon a connues durant ses traversées océaniques en solitaire.

9) *Période Jugnot*

Avec ce fils spirituel de Coluche, c'est le café-théâtre tout entier qui est entré aux « Grosses Têtes ». Tête précocement dégarnie mais bien faite, sens du mot qui fait mouche, physique de Français moyen, musette de plombier et impertinence chronique : Jugnot a tout ce qu'il faut pour être l'idole d'un public qui s'identifie à lui.

10) *Période Castelli*

Seconde authentique découverte, ce grand comique mou auquel on peut donner la forme qu'on veut n'avait jamais dit autre chose que « Madame est servie » dans les films de série D. Aux « Grosses Têtes », en racontant les histoires les plus éculées, en parlant de sa sœur et de son repaire de vieux célibataire niché à l'ombre de Notre-Dame-de-Lorette, il a éclaté. Qui ne l'a pas vu un soir de gala en province exécuter la danse du ventre face à cinq mille personnes en délire n'a rien vu !...

Il y aura certainement bien d'autres périodes, mais la tendance est sans doute irréversible qui a consommé le glissement gaulois. La création de rapports de forces pittoresques et inattendus au sein de l'équipe occupe un temps d'antenne considérable avec des sommets qui peuvent être, selon les jours, les participants et l'humeur, le baiser sur ma bouche de Brejnev à Zitrone, mes soi-disant escapades au Bois de Boulogne, la disgrâce physique et mentale de Castelli, les enterrements de Brialy, les mésaventures de Jugnot fils ou le mémorable repas de Sim à l'Élysée sous René Coty.

« Les Grosses Têtes » m'ont obligé à exercer un métier pour lequel je n'étais nullement fait, mais assez salubre au demeurant puisqu'il exige une certaine rapidité intellectuelle et un irrespect permanent. Les enregistrements ont lieu rituellement en fin de journée à un moment où le public est plus disponible et où les participants n'ont plus de rendez-vous. J'arrive donc parfois un peu fatigué par une journée commencée douze heures plus tôt.

Lorsque la mayonnaise ne prend pas, de grosses cloques se forment dans mes paumes à force de ramer. Ces jours-là deux heures me paraissent durer une semaine, et je donnerais presque autant pour tout abandonner que ce qu'on me donne pour mener l'entreprise à son terme. Mais quand — Dieu merci, le plus souvent — le courant passe, quel plaisir, quelle joie, quelle fierté, quel bain revigorant que ces fous rires qui nous secouent et que la salle en délire nous renvoie par bouffées! Ces jours-là, vers 11 heures du soir, j'émerge et je renais, prêt s'il le fallait à affronter une nouvelle journée tout entière.

Ce public qui me faisait si peur au début, je l'appelle désormais de tous mes vœux. Lorsqu'il y a moins de mille personnes dans la salle où nous avons planté nos micros, je trépigne de dépit. Lorsque je vois le gradin débordant de gens, agglutinés à perte de vue, je suis aux anges.

Ne croyez-pas que je ne consacre que mes soirées aux « Grosses Têtes ». Les lettres auxquelles je tiens à répondre personnellement sont nombreuses, et puis, six à huit fois par jour, par radiotéléphone et en profitant de mes déplacements en voiture à travers Paris, je me fais relire les questions. J'accepte de temps à autre et, sans être dupe, des questions déjà posées, mais voici si longtemps que je suis en droit de supposer que personne ne s'en souvient plus.

Chères et irremplaçables « Grosses Têtes ». Partout on me parle de cette émission de radio qui a désormais plus d'impact qu'une émission de télévision. Pas une personne qui ne soit au courant. Pas un grincheux que nous n'ayons déridé.

En 1977, un mois après les débuts, je pensais abandonner tellement je croyais peu à la formule.

En 1978, je m'accordai une prolongation de deux ans.

En 1979, je compris que j'en aurais encore au bas mot pour jusqu'en 1982.

Aujourd'hui je ne sais plus.

Je me demande même parfois si « les Grosses Têtes » ne dureront pas longtemps encore après que j'aurai pris ma retraite...

Marcel Jullian m'avait déjà demandé — mais voici plus de trois ans déjà — d'écrire la saga des « Grosses Têtes ». Jean-Claude Lattès a estimé — et je pense que vous lui donnerez raison — qu'en quatre ans l'émission et ses participants s'étaient tellement renouvelés qu'un second volume était inévitable. Il a également pensé qu'il convenait de donner un prolongement durable aux grands moments connus à l'antenne.

Le décryptage des bandes magnétiques, heureusement conservées, a été long et fastidieux. Nous en avons tiré les morceaux choisis les plus hilarants, et sans doute méritaient-ils cette récupération et cet honneur puisqu'ils se sont révélés, dès la première lecture, comme de véritables scènes de théâtre, solides et bien composées. Nous avons pris à les retrouver un plaisir au moins égal — et parfois supérieur — à celui que nous avions éprouvé à leur naissance.

C'est le même plaisir que je vous souhaite.

II

Les personnages et la comédie

LES PERSONNAGES ET LA COMÉDIE

« Les Grosses Têtes » tiennent à la fois du psychodrame et de la comédie.

Le psychodrame permet de se libérer de ses fantasmes, d'assouvir les vieilles haines et de transformer les complexes d'infériorité en complexes de supériorité.

La comédie, elle, doit beaucoup aux Italiens. Comme dans les meilleures pièces du répertoire, les différents emplois sont soigneusement répartis. Tout au plus peut-on noter que les méchants et les souffre-douleur ne sont jamais les mêmes grâce à une habile rotation.

Ainsi trouve-t-on sur la scène radiophonique l'ingénue (c'est Miss France, Valérie Mairesse ou Corinne Le Poulain) ; le jeune premier (c'est Daniel Ceccaldi ou Jean-Claude Brialy) ; le père noble (c'est Léon Zitrone) ; Scapin (c'est Martin ou Jugnot) et M. Loyal (votre serviteur, qui ne l'est pourtant pas toujours).

Cette parenté avec l'art dramatique est si réelle que Raymond Castans qui est à la fois auteur de boulevard à succès et directeur de l'antenne à R.T.L. l'a notée en attribuant, lui, des correspondances directement issues de la commedia dell'arte :

— Martin : *Scapin*
— Jugnot : *Pierrot*
— Kersauzon : *Matamore*
— Castelli : *Pantalon*
— Bouvard : *Scaramouche*

Il n'y a qu'à voir l'aisance des compères les jours où l'émission se déroule sur une authentique scène de théâtre pour se convaincre que cette émission de radio est aussi faite pour les planches que pour les ondes.

Chemin faisant, on assiste à une totémisation à base de turpitudes vraies ou supposées. Les plus honnêtes finissent par avoir à cœur de sombrer dans les vices dont on les accuse depuis longtemps afin de ne pas faire mentir leurs coéquipiers.

L'ARROSEUR EST SOUVENT ARROSÉ

BOUVARD

Bonjour, voici aujourd'hui une galerie de séducteurs, avec toutes les morphologies, toutes les tendances, toutes les façons de s'habiller, tous les systèmes pileux. Une collection complète de tout ce que le sexe masculin peut proposer de charme au sexe opposé... enfin, quand je dis au sexe opposé, peut-être est-ce que je m'avance beaucoup. D'abord, rentrée du don juan syndicaliste, l'œil qui frise...

CECCALDI

Ça me manquait. Vous m'avez beaucoup manqué.

BOUVARD

Ça fait des mois qu'on ne l'avait pas vu. Je dois dire qu'il s'est admirablement conservé pendant ce temps-là...
C'est Daniel Ceccaldi.
Et puis, le plus beau physique de radio. C'est un garçon formidable, qui a énormément de charme, mais qu'il vaut mieux ne pas montrer. Nous ne le montrons d'ailleurs qu'aux intimes.
C'est un garçon que vous ne connaissiez peut-être pas, monsieur Ceccaldi ?

CECCALDI

Oh, si, si je le connaissais. J'apprécie son humour et son talent.

BOUVARD

Et puis quoi encore ?

CECCALDI

Et son physique.

BOUVARD

Son physique aussi ? Il faut dire qu'à côté de lui vous faites encore plus séduisant puisque l'homme en question est Philippe Castelli.

Et comme il en faut pour tous les goûts, j'ai aussi en réserve le don juan rugueux, abrupt, hirsute, moins policé mais encore capable de fournir de belles soirées à celles qui en feront la demande sur papier timbré : Olivier de Kersauzon.

Enfin, un jeune Lyonnais monté à Paris, le cheveu court, l'œil clair, le teint frais, tiré à quatre épingles et également susceptible de rendre beaucoup de services aux dames, aux petites filles et de façon générale à toutes celles qui aiment le cachou.

MARTIN

A tout ce qui remue !

BOUVARD

C'est Jacques Martin...

MARTIN

Vous ai-je décrit, chers auditeurs qui prenez l'antenne, Philippe Bouvard ? Il porte un pantalon gris clair avec braguette superposée et sortie de secours à l'arrière pour les auditions rapides, une chemise rose modèle « sing sing » à larges rayures... Je le dis parce que vous présentez toujours les autres et que vous, vous ne vous présentez pas.

BOUVARD

Mais moi, vous savez, je sers la soupe.

MARTIN

Non, non, non. On va recommencer.

Bonjour. Eh bien, voici quatre grosses têtes. D'abord

le premier. Le petit Philippe que je vais vous demander d'applaudir...

Quel âge as-tu, mon petit garçon ?

CECCALDI

Je vous ai écouté pendant mon absence. Je trouve vos plaisanteries sur la taille de Philippe parfaitement dépassées et démodées.

BOUVARD

Et c'est le plus grand d'entre vous qui le dit, hein ?

CECCALDI

Bien que j'aie de la peine à vous voir, je trouve ça déplacé.

BOUVARD

Ah oui ! C'est du propre.

MARTIN

Philippe est extraordinaire. Il rapetisse en hiver, et au printemps il germe.

◁ ▷

LE VICOMTE DE KERSAUZON CLOUE LE BEC AUX RÉPUBLICAINS

BOUVARD

Qu'est-ce qui différencie un château d'un manoir ?

KERSAUZON

Je ne sais pas, on a tout, nous ! Le manoir, c'est maman qui y habite, et le château, c'est papa. Y'a des salles de torture dans les deux...

BOUVARD

Qu'est-ce qu'il y a comme tortures ?

MARTIN

Y'a surtout cette salle dite du phonographe où vous passez les disques de Dalida.

KERSAUZON

On réussit à y tuer un mouton en moins de cinq minutes.

BOUVARD à BRIALY

Vous savez que le château des Kersauzon est au bord de la mer ?

KERSAUZON

Si vous croyez que c'est drôle d'être riche !

BOUVARD à KERSAUZON

Vous savez que M. Brialy a un château, lui aussi ?

BRIALY

Non, moi je n'ai qu'une maison avec une tour.

MARTIN

Vous savez, depuis le 10 mai, tout le monde a une petite maison avec une tour. Personne n'a une Rolls. On a une grosse voiture anglaise qui ne vaut plus rien. Plus personne n'a de yacht, mais une grosse barque à rames sur laquelle on a ajouté un moteur et des voiles.

BRIALY

La Bretagne, c'est bon pour les acteurs ; l'air y est pur...

KERSAUZON

Chez moi, l'air n'est pas pur. Voilà.

MARTIN

Il faut dire que la famille du vicomte se lave très peu.

BOUVARD

Et comme elle dort la bouche ouverte, la région est très polluée.

KERSAUZON

Vous viendrez leur dire tout ça, mon petit lapin !

MARTIN

C'est pas sur la carte, mais sur la route, à un moment, tu vois les mouches, t'as qu'à les suivre.

KERSAUZON

Y'a moins de mouches dans toute la Bretagne que dans ta salle de bains.

BRIALY

Il est aristocrate...

BOUVARD

Sa famille remonte à je ne sais plus combien...

KERSAUZON *(Il siffle.)*

3000 mètres...

Écoutez, vous n'allez pas m'emmerder avec ma famille sinon, moi, je vais vous emmerder avec ce qui vous a servi à fabriquer la vôtre.

BRIALY

Il est aussi marin ?...

KERSAUZON

Capitaine, si ça ne vous écorche pas le bec-de-lièvre, mon minet.

BRIALY

Ah ! Vous êtes capitaine, mais il met où ses galons, dans sa culotte ?

KERSAUZON

Si je les mettais dans la vôtre, ils ne seraient pas en bonne compagnie !

BRIALY

Je suis commandant, moi, et j'ai un père colonel.

KERSAUZON

Il a dû s'arracher les médailles en voyant le berceau.

◁ ▷

BRIALY

Vous m'avez vu au cinéma. Ça vous fait quoi de me voir de près ?

KERSAUZON

Au cinéma ? Je ne sors pas parce que je dois payer ma place, et ici, je reste parce que je suis payé, mais sinon je foutrais le camp.

BRIALY

Vous n'allez pas au cinéma depuis longtemps, vous, hein ?

KERSAUZON

Non, je ne regarde pas les vieux films.

BRIALY

Puisque c'est comme ça, je n'irai jamais en voyage avec lui.

KERSAUZON

Je ne vous l'ai pas proposé.

BRIALY

Ah ! J'ai bien vu dans vos yeux comme une invitation au voyage...

KERSAUZON

Oui, au voyage, mais vous, tout seul et en train.

◁ ▷

BRIALY

Avez-vous dormi avec votre femme, cette nuit ?

KERSAUZON

J'aurais eu du mal à dormir avec la vôtre !

BRIALY

Pourquoi dites-vous ça ?

KERSAUZON

Pour rien.

BRIALY

Il n'est pas beau, mais il a quelque chose, je le vois très bien torse nu, dans les courants marins glacés, plonger et me ramener dans sa bouche un petit poisson frétillant.

MARTIN

Olivier écrit très bien.

BOUVARD

Cela dit, il n'abuse pas de son talent, il écrit un bouquin tous les vingt ans.

KERSAUZON

Le reste du temps je le consacre à la mer... et au sexe.

BRIALY

On est dans la période de mer ou de sexe pour le moment ?

KERSAUZON

Dans la période de sexe, mais c'est fermé pour vous.

◁ ▷

BOUVARD

Vous naviguez en pleine mer, comme ça vous arrive une fois tous les cinq ans. Vous voyez une petite chose rouquine qui se débat à la surface de l'eau. C'est Valérie Mairesse avec une bouée autour du cou.

Qu'est-ce que vous faites ?

KERSAUZON

Je téléphone à Cousteau et je lui dis que la mer est encore plus polluée qu'il le croyait.

MARTIN à Valérie MAIRESSE

Il n'y a pas de soutien-gorge, là, aujourd'hui ?

MAIRESSE

Jamais.

MARTIN

Ça tient tout seul. C'est pas bagué ?

MAIRESSE

Ah non ! C'est naturel.

BOUVARD

Complètement naturel.

MAIRESSE

Moi, je suis pour la nature. Les femmes, c'est comme les yaourts, c'est meilleur nature. Mais ça dépend des goûts. C'est pour ça que j'imagine que Kersauzon préfère les yaourts au citron.

KERSAUZON

Non, moi, je préfère les yaourts frais.

BOUVARD

Vous ne la trouvez pas fraîche ?

KERSAUZON

Non, trop vieille.

BOUVARD

Oh ! quoi, elle est mignonne.

KERSAUZON

Elle était mignonne.

◁ ▷

L'AMIRAL EN PREND POUR SON GRADE

BOUVARD

Je voudrais saluer ici la méditation de M. de Kersauzon qui est quand même le plus réfléchi d'entre vous... Un garçon qui ne parle pas à la légère... Chapeau !

MARTIN

Je vous demande de ne pas applaudir parce que vous pourriez le réveiller.

Il est très fatigué. Il a fait huit jours de mer.

BOUVARD

Où étiez-vous ? Quel est votre pèlerinage habituel ? Trouville, Honfleur ou plus loin ?

KERSAUZON

J'étais en mer du Nord.

MARTIN

A quelle profondeur ?

BOUVARD

Et ça s'est bien passé ?

KERSAUZON

On a eu du mauvais temps.

BOUVARD

Et là, qu'est-ce qui vous a sauvé ?

KERSAUZON

Jésus.

MARTIN

Forcément, c'est le seul marin qui marche sur les eaux...

BOUVARD

Dites, avec vous, il a du boulot, chaque fois que vous sortez... Mais c'est toujours le même bateau ?

KERSAUZON

Non, c'était un autre. C'était un remorqueur de haute mer. J'étais en mer du Nord, sur une plate-forme.

MARTIN

C'était marrant ?

KERSAUZON

C'était pas marrant, c'était intéressant... et fatigant.

MARTIN

On s'en rend compte.

KERSAUZON

Non, mais... Je... Je...

BOUVARD

Vous avez raison de le dire. Vraiment, quand il prend la parole, ça vaut le coup.

CASTELLI

Faut pas le taquiner !

BOUVARD

Mais on ne le taquine pas. On recueille précieusement les rares borborygmes qui tombent de ses lèvres.

◁ ▷

BOUVARD

Ça va, vicomte ? Mon noble ami ? Eh bien quoi ? Il n'y a pas de honte à ça. On ne choisit pas ses parents !...

KERSAUZON

Je m'étais assoupi...

◁ ▷

DES CHAMPS DE CRÊPES BRETONNES

MARTIN

Il la boucle parce qu'il a peur d'être déshérité. Je ne sais pas si vous êtes au courant, mais il y a des terres dans la famille. Ils possèdent un tiers de la Bretagne, mine de rien. Ils ont d'énormes plantations de crêpes...

Autour du château des Kersauzon, il y a des champs entiers de crêpes. Il faut voir les crêpeuses, le matin, partir à la cueillette de la crêpe...

KERSAUZON

Est-ce bientôt fini ?

BOUVARD

Monsieur de Kersauzon, comme vous ne parlez pas, il faut bien qu'on parle de vous.

MARTIN

Moi, j'ai été reçu au château de Kersauzon. C'est fabuleux. Il faut voir les parents. Mois, j'ai communiqué avec au moyen d'un interprète parce qu'ils parlent mal le français. Enfin, ils parlent leur langue, ils parlent le breton. Nous sommes arrivés avec Olivier et quelques amis et l'ancêtre, le vicomte de Kersauzon, a fait : « Ah !! Brestanou Kaoumadou Ahahahkidou !!! » qui est du bas breton.

Et puis, Mme de Kersauzon, la vicomtesse, est arrivée, très timide. C'est bien simple, elle n'avait jamais vu de...

BOUVARD

De Blancs ?

MARTIN

De Français de l'intérieur. A l'annonce de notre débarquement, elle était montée se cacher sur une armoire. Alors, moi, j'ai cherché à l'apprivoiser. J'ai sorti de ma poche une banane et puis petit à petit elle s'est approchée, je lui en ai donné un morceau, puis deux... Enfin, grâce à Olivier, on a pu pénétrer dans la cage dès le premier jour. Parce que les Bretons habitent des lits-cages.

◁ ▷

ARTICHAUTS ET PARADOXES

BOUVARD

Monsieur de Kersauzon, que cultivent réellement vos parents ?

YANNE

Le paradoxe.

MARTIN

Ils ont des plantations de paradoxes. On ne le sait pas assez. Comme il pleut beaucoup en Bretagne, il est nécessaire de cultiver des paradoxes.

BOUVARD

Ça doit être une vie rude.

YANNE

Ce n'est pas seulement la vie des Kersauzon, c'est la vie de tous les Bretons en général.

KERSAUZON

Moi, je me rappelle, quand j'étais petit, j'allais voir les parents de Yanne derrière le rideau d'artichauts. On leur apportait des vivres.

BOUVARD

Votre maman file toujours le rouet ?

MARTIN

Pauvre Olivier, il va se faire casser la gueule quand il va retourner là-bas, car ils n'ont pas le sens de l'humour. Je tiens à vous signaler que s'il existe un endroit sur lequel on ne peut pas faire de plaisanteries, c'est bien la Bretagne.

YANNE

Pourquoi ?

KERSAUZON

On peut les faire, mais qu'une seule fois.

BOUVARD

Bon, enfin, excusez-moi d'avoir ouvert cette parenthèse. Ce n'était pas pour vous désobliger... Vous ne m'en voulez pas, Olivier ?

MARTIN

Hou là là ! Vous ne connaissez pas le caractère des Bretons. C'est comme le temps, ça vire en un quart d'heure. On ne comprend pas. Ça y est, il va nous faire la gueule pendant trois semaines.

BOUVARD

Ouais, eh bien là, on saura pourquoi.

◁ ▷

DRUCKER

Olivier, est-ce que les marins emportent dans leurs bateaux des photos de femmes nues.

KERSAUZON

Pour quoi faire ? On aurait l'air de quoi avec des photos de femmes nues ?

C'est comme la pub quand il n'y a plus de magasin !...

BOUVARD

La question est intéressante. Quelle est la vie sexuelle d'un marin en mer ?

KERSAUZON

Mais on vous l'a déjà dit, Philippe. Il n'y a rien d'autre que les souvenirs et les espoirs. Mais entre les deux, on se regonfle, croyez-moi.

DRUCKER

Et puis, il y a autre chose à faire. Vous savez quelle est la réputation de Kersauzon. On dit que c'est le plus résistant physiquement.

MARTIN

C'est un grand couleur de fond.

BOUVARD

C'est le seul qui soit capable de rentrer à la nage. Il faut être musclé.

KERSAUZON

Jamais, je ne suis rentré à la nage, eh ! pauvre mec ! Jamais !

MARTIN

C'est le seul mec qui soit capable d'assommer son équipage et de rentrer quand même. Raconte la fois où tu as navigué en plein Pacifique Sud. Il ne s'en vante pas ! Ils étaient deux. Et le second dit : « Moi, je crois qu'il faut naviguer au 140 » et Olivier dit : « Non, si tu veux qu'on retrouve le port, il faut naviguer au 120. » L'autre fait : « Au 140. » Alors, Olivier a levé une hache. Il a dit au mec : « Tu navigues au 120 » et il lui a tenu la hache pendant quarante-huit heures au-dessus de la tête. Vrai ou pas ?

KERSAUZON

Parfois, dans la discussion avec les êtres humains, car telle est leur nature, on risque de « lancer » un argument, et il est certain que la démonstration extérieure d'une certaine capacité de violence peut aider à la bonne entente...

MARTIN

Il a levé une hache sur un mec pendant deux jours en disant : « Si tu bouges d'un degré, tu auras une belle raie au milieu. »

BOUVARD

A quoi pouvez-vous travailler quand vous n'êtes pas sur l'eau ? Parce que votre métier, c'est d'être navigateur.

KERSAUZON

Je travaille sur des prototypes, sur des chantiers, sur des dessins.

CECCALDI

Oui, il prépare ses futurs naufrages.

MARTIN

Hou là là !

CASTELLI

Ceccaldi, tu vas avoir une rouste à la sortie...

MARTIN

Il a agressé Castelli dans les urinoirs, l'autre jour. Castelli était là, à la recherche de ce qui lui sert de sexe. Enfin, il met la main sur son bouton-pression. Là-dessus, l'autre entre et bat Castelli, parce que Castelli, par inadvertance, avait fait allusion au fait que...

Il arrive parfois qu'Olivier, pris d'un besoin de prendre un bain, le préfère à l'eau salée...

BOUVARD

Il y en a qui prennent la mer, lui, il prend l'eau. *(Silence chargé de menaces.)* Non, je retire ça, je ne le pensais, pas, d'ailleurs.

MARTIN

Comme il va partir faire une croisière, une course très très dangereuse, on ne va plus oser plaisanter avec ça. Chaque jour, on va suivre les yeux collés sur la carte, en disant : « Sous quelle latitude se cache-t-il ? »

BOUVARD

Oui. Sous quelle épaisseur d'eau ?

MARTIN

On lui donnera notre photo. Il la fixera dans la cabine au-dessus de son hamac avec le compas. Tous les soirs, on essaiera d'avoir une liaison téléphonique. Vous verrez, sur un bateau, il est ordurier.

BOUVARD

Tout ça c'était pour expliquer qu'un marin pouvait très bien travailler sur la terre ferme. Vous travaillez donc sur des dessins, c'est-à-dire que vous découpez des petits bateaux que vous mettez dans une cuvette, j'imagine ?

MARTIN

Ça se dessine, un bateau. Et puis il faut prévoir les vivres.

KERSAUZON

J'ai besoin d'un nain pour la maquette, vous venez ?

BOUVARD

On a souvent besoin d'un plus petit que soi...

MARTIN

Tous ce qui a trait à l'eau l'attire. C'est pour ça qu'il « fait » la rue du Faubourg-Saint-Denis, parce qu'il y a des grues. Un trottoir avec des grues, c'est comme un quai.

BOUVARD

Là, il relève les compteurs dans le ruisseau. Il y a toujours de l'eau courante. Il est payé en liquide.

MARTIN

Vous savez qu'elles sont drôlement gentilles, ces

filles. D'ailleurs, elles m'ont parlé de vous, Philippe. Vous êtes drôlement connu dans le coin.

BOUVARD

Revenons-en à M. de Kersauzon. On ne vous a pas peiné, au moins ?

KERSAUZON

Vous ne me peinez plus depuis longtemps. Mais je regrette que vous ne m'amusiez pas non plus.

BOUVARD

Évidemment, quand on évoque la partie tragique de votre existence...

KERSAUZON

A votre avis, combien j'ai fait de naufrages, puisque vous en parlez tous les jours ?

MARTIN

Un.

BOUVARD

De toute façon, à partir du moment où vous êtes là pour le raconter, ça prouve au moins que ça s'est toujours bien terminé. Mais vous avez, paraît-il, perdu beaucoup de passagers ?

KERSAUZON

Je n'ai jamais perdu d'homme en mer.

MARTIN

Si... Pour appâter quand vous manquiez de poisson. Olivier, tu prends mal la plaisanterie. Tu devrais être plus coulant. Mais j'ai une histoire à propos d'Olivier : une fois, il a perdu son gouvernail... eh bien, il en a fabriqué un autre !

BOUVARD

Avec quoi ?

MARTIN

Avec son sexe. Vous pensez si les requins se sont régalés. Maintenant, c'est le seul marin circoncis.

BOUVARD

Le requin n'est pas un animal méchant.

KERSAUZON

Non, non, c'est pas méchant. Je vous emmènerai vous baigner, mon petit Phi-Phi chéri. Ils vont être très contents de voir arriver un petit four.

◁ ▷

PHILIPPE BOUVARD N'EST PAS ÉPARGNÉ

MARTIN

Ça va, vous, sexuellement, Philippe ?

BOUVARD

Oui, merci.

MARTIN

Il paraît que vous êtes grand-père ? *(A V. Mairesse.)* Tu sais qu'il est pépé ?

MAIRESSE

Ah bon ?

MARTIN

Oui. C'est un vieux. Quand je pense que c'est pour des gens comme ça qu'on paie la vignette...

◁ ▷

BOUVARD

D'où vient le mot « pygmée » ?

MARTIN

Pig veut dire cochon. Mos = petit cochon. Ce qui a donné en français Bouvard. Non ?

BOUVARD

Allez, ça continue !... Mais le Martin est un âne beaucoup plus répandu encore. La réponse était : c'était une petite mesure de longueur chez les Grecs.

KERSAUZON

Le soir, sur la mer, lorsque l'océan me rejetait loin des hommes, lorsqu'il y avait à peine une étoile au ciel un peu scintillante, alors je pensais : *Parce qu'il se fait trop tard, / Je ne pourrai être avec Bouvard / Il serait là près de moi, il me tiendrait la main / Et serait finie ma solitude de marin. / Ensemble, sur le bateau pour un joli voyage / Nous irions d'un vieux livre, ensemble, tourner les pages.*

JUGNOT

C'est vrai qu'il est gentil, Philippe, il ne manquerait plus qu'il morde.

◁ ▷

POUR FAIRE LE TOUR DE ZITRONE, IL FAUT COMPTER LA JOURNÉE

MARTIN

Et sexuellement, où en êtes-vous depuis le 10 mai ?

ZITRONE

Pour un homme de mon âge, ça va très bien, merci.

MARTIN

Toujours une fois par an ?

ZITRONE

Non, deux fois de suite. Une fois j'ai chaud, une fois j'ai froid. Une fois en été une fois en hiver.

MARTIN

Ah ! quand même...

ZITRONE

14 juillet, 24 décembre...

BOUVARD

Et madame est de la revue !

JUGNOT

Et le 11 novembre, il ranime la flamme.

MARTIN

Et le 24 décembre ? Vous faites l'âne ou le bœuf ?

ZITRONE *(Hurlant :)*

Laissez parler Bouvard.

MARTIN

Du calme, débranchez-le !

BOUVARD

On n'a pas un bâillon... Quelque chose ?

MARTIN

Il doit être équipé avec des piles Varta. Elles durent plus longtemps que les autres.

JUGNOT

On lui a mis des alcalines. Il a des piles alcalines, forcément...

MARTIN

Ce sont des Duracel ?

JUGNOT

Tttttuuuuuuuttttt ! *(Bruit et gestes à l'appui imitant le petit ours tambour de la pub à la télé.)*

MARTIN

Il a ses Duracel ? Je croyais qu'il avait du diabète.

ZITRONE

Qu'est-ce que c'est, des Duracel ?

JUGNOT

Oh ! oh ! oh ! Il regarde pas la pub.

ZITRONE

A la télé ?

JUGNOT

Oui.

ZITRONE

Je ne regarde pas la télé et je ne l'ai jamais regardée.

BOUVARD

Oh Léon, j'ai vu un poste chez vous !

MARTIN

C'est un poste, mais il est vide. Il n'y a que la boiserie et quand il rentre chez lui, il se met derrière le poste et il fait : « Bonsoir, ma chérie. Après huit heures de travail, je suis heureux de rentrer à la maison. Ici Léon Zitrone, mon amour, dans quelques instants, nous allons passer à table. Qu'y a-t-il à manger ? — Eh bien nous aurons des sardines. — Mesdames, messieurs, bonsoir. Ici, Léon Zitrone, je t'aime ma chérie... »

Alors Mme Zitrone, excédée, change de chaîne.

DRUCKER

A l'époque, j'étais jeune journaliste. Cette année-là, j'assurais le reportage du Tour de France avec Léon Zitrone. L'histoire se passe durant l'étape Saint-Étienne-Alpe-d'Huez. J'étais assis dans une voiture du Tour avec Carlos et Léon (dans les côtes la voiture avait du mal à grimper) ainsi qu'avec un autre jeune journaliste, Bernard Giroux. Des milliers de spectateurs s'étaient massés de chaque côté de la route. Il faisait beau. Léon avait passé la tête par le toit ouvrant de la voiture. Les yeux mi-clos, il semblait visiblement bercé par les murmures dus à sa notoriété : « T'as vu, c'est Léon Zitrone... » Or, à un moment, on a tous entendu : « T'as vu, c'est Bernard Giroux. »

Zitone s'est rassis, a regardé son assistant et lui a dit : « Vous avez de la famille dans le coin ? »

BOUVARD

Moi, un jour que je rentrais à R.T.L. et qu'Iglesias sortait, j'ai entendu une vieille dame dire après avoir touché le chanteur : « Maintenant, je peux mourir... » Alors qu'il n'est plus contagieux depuis longtemps.

DRUCKER

Léon faisait à cette époque les petits matins de R.T.L. avec Maurice Favières. Il arrivait à 3 heures et demie. Un jour, il débarque rue Bayard vers 4 heures moins le quart. Il y avait un énorme camion avec un énorme camionneur et Léon dit : « Jeune homme, l'information n'attend pas ! » Et le gars avait une caisse de bière sur l'épaule, prêt à livrer sa bière, ne fait pas attention à Léon. Alors Léon furieux lui crie : « L'information n'attend pas. Je suis Léon Zitrone ! Circulez, voyons, circulez !... » Le gars lui fait signe : « Écrase, bonhomme » et lui fait un bras d'honneur.

Et Léon, à ce moment-là, hurle dans la rue : « Monsieur, à partir d'aujourd'hui, je vous raye de la liste de mes auditeurs. »

BOUVARD

Ah ! Il est bien Léon !

DRUCKER

Mais tu sais que c'est permanent, avec Léon. L'autre jour, on était dans la rue et il dit à une dame qui le regardait, mais sans le voir, les yeux dans le vague : « Madame, je vous interdis de me reconnaître. » Et la dame lui demande : « Mais à qui ai-je l'honneur ? »

KERSAUZON *(Faisant semblant de lire :)*

Je vais, grâce au livre publié par Laura Zitrone, vous dire comment ça se passe chez Léon.

« Ah ! Mon petit mari ! Lorsque la cloche sonne, je me précipite vers la porte, notre chien Mirza aboie. Ça y est. Il rentre tandis que miaule notre chat Minou. Léon est dans la pièce, il est là, un peu pâle, sombre ce soir, et moi, qui lui porte une affection grande et longue, je regarde cet homme dont je suis la compagne dans la vie depuis tant de temps. Les journées passent, les moments s'effeuillent. Il est à chaque fois tendre, affectueux, délicat. Il me donne chaque jour le meilleur de lui-même dans une existence qui n'est pas facile. Lorsque nos enfants partent en vacances, il n'oublie pas de leur donner à chacun, à chaque fois, un petit cadeau.

Léon et moi, c'est plus qu'une vie, c'est une vie de couple qui a été relativement agréable et merveilleuse, et ce que j'ai le plus aimé chez lui, en fait, c'est son professionnalisme, son sens de l'attaque. »

Quelqu'un peut-il me tourner la page ?

BOUVARD

Très beau numéro d'extralucide puisque Olivier de Kersauzon racontait la vie de Léon Zitrone avec le livre de Laura Zitrone placé derrière la tête et non pas devant !

JUGNOT

Monsieur Kersoska, monsieur Kersoska, vous êtes avec moi ? Qu'y a-t-il au bas de la page 327.

MARTIN

Je vais vous le dire. Je me concentre, ça y est, je suis avec vous. Léon est rentré ce soir, légèrement fatigué. Il a des soucis. A Cognac-Jay, rien ne va plus. Il défait lentement son pantalon. J'admire ses longues jambes musclées Ayant remarqué que je l'observe, c'est presque avec une coquetterie féminine qu'il fait sauter les deux boutons de son caleçon. Avec des grâces de jeune fille, il retire son bandage herniaire et commence à dévisser sa fausse jambe. Lorsqu'il a tout mis dans sa valise, il se couche. C'est drôle, je suis là côte à côte, est-il couché sur le dos ou sur le ventre ? Je ne peux plus faire la différence depuis qu'il a repris trois fois de la choucroute.

Brusquement, il me dit : « Devine à quoi je pense ? »

KERSAUZON

Je lui répondis timidement dans la douceur de la nuit que je pensais à notre futur, au bonheur qui pourrait encore nous être accordé sur l'oreiller que j'avais brodé moi-même la veille.

Léon resta dans le silence. Un soupir s'échappa de son corps, c'était comme une tempête, une tempête dans laquelle il m'emmenait, romantique. Je sentais ses narines dilatées qui poussaient un souffle puissant.

MARTIN

Déjà les portes claquaient. Le papier peint se déchirait par endroits. Léon allait enfin connaître la volupté. Je m'attendais à tout. Ses barrissements avaient déjà réveillé l'immeuble. Les pompiers accouraient et hissaient la grande échelle. Et moi, allais-je enfin atteindre l'orgasme ?

KERSAUZON

Non, il fallait que je l'arrête. Les enfants n'étaient pas dans la tranchée, dans la cave. Les petits n'avaient pas mis leurs casques dans leurs berceaux blindés.

— Arrête, arrête, criai-je... Trop tard ! Nous nous retrouvâmes deux de moins d'un côté et trois de plus de l'autre.

MARTIN

C'était extrait de *Mon mari, Léon Zitrone,* par Laura Zitrone aux éditions du Rocher.

KERSAUZON

Du sexe à chaque page, ainsi que des photos en couleur.

◁ ▷

LE LENDEMAIN MÊME SUJET, MAIS EN PRÉSENCE DE L'INTÉRESSÉ

MARTIN

Je viens de tomber sur un bouquin porno. Par Laura Zitrone, *Mon mari, Léon Zitrone.*

JUGNOT

Il y a des photos ?

MARTIN

Ouais, tiens regarde... Il y a un chapitre qui s'intitule : Les femmes et Léon. « Les femmes qui s'offrent à mon mari sont légion... » Tiens, voilà du boudin...

JUGNOT

Alors, Léon, elles s'offrent et vous acceptez.

LÉON

Non !

MARTIN

Il reçoit un courrier fabuleux. Écoutez, je vous lis : « Les femmes qui s'offrent à Léon sont légion » et leur caractère apparaît dès les premières lignes.

Il y a les délicates : « Monsieur, je vous trouve sympathique, vous me rappelez mon père dans ma jeunesse, naturellement. Venez chez moi, je vous ferai voir ses photos. De préférence après le déjeuner, car mon mari part travailler après 13 heures.

LÉON

Oui, j'ai reçu ça.

MARTIN

Il y a les dames précises pour lesquelles tout est minuté : « Cher monsieur, puisque vous terminez le journal télévisé à 20 h 15 et que vous le présentez à nouveau à 23 heures, venez chez moi entre les deux. Nous dînerons rapidement et puis nous nous reposerons ensemble. »

Il y a aussi les tourmentées : « J'ai un kimono. Mais est-il vraiment en soie japonaise ? Vous qui voyagez beaucoup, pourriez-vous l'expertiser *de visu* ? »

Il y a les gaillardes : « Je suis en robe de chambre quand vous présentez le journal télévisé. J'attends toujours que vous veniez me l'enlever. »

MARTIN

Dites donc, Léon, j'ai quinze ans de télévision. Je n'ai

jamais reçu un courrier comme ça. Vous mettez la France en rut. Léon, honnêtement, avez-vous vraiment reçu ce genre de lettres ?

ZITRONE

Il faut croire. Ma femme les a mises de côté. C'est elle qui ouvre mon courrier.

JUGNOT

Ce ne serait pas vous qui les écririez, ces lettres ?

ZITRONE

Sûrement, sûrement, je me les envoyais.

MARTIN

Ah ! Vous vous les envoyiez.

BOUVARD

Il a avoué !

MARTIN

O. K. Léon, nous sommes entre professionnels. Combien la télévision vous a-t-elle apporté de bonnes fortunes ?

ZITRONE

Aucune.

MARTIN

Honnêtement, en vingt ans de carrière, vous ne vous êtes jamais fait violer par une téléspectatrice ?

ZITRONE

Jamais.

BOUVARD

Il s'est toujours laissé faire.

◁ ▷

C'EST MAINTENANT JUGNOT QUI TRINQUE

JUGNOT

Moi, j'ai eu un accouchement divin.

ZITRONE

Quand ? Quand vous êtes venu au monde ?

JUGNOT

Non, non ! Quand ma femme a accouché de mon fils.

MARTIN

Toi, c'était formidable. C'était un accouchement sans couleur parce que ta femme est blanche, je crois. Quand il a vu sortir les cinq petits bras, il a dit : « C'est mon fils. » Il est joli son fils. Il l'habille dans un vieux gant, il est facile à emmailloter.

JUGNOT

Tu me fais beaucoup de peine, mon petit Martin.

MARTIN

Ton fils, combien il mange de mouches, maintenant ?

JUGNOT

Eh bien, il en est à sa dixième.

ZITRONE à MARTIN

C'est pas gentil ce que vous dites. Vous dites des méchancetés sur le fils de notre ami.

◁ ▷

BOUVARD

Monsieur de Kersauzon, si vous aviez le portrait de M. Jugnot à exécuter, comment le décririez-vous ?

KERSAUZON

Cet enfant que la nature a imposé au monde qui

l'entoure et à ses parents, il y a déjà un certain nombre d'années, paraissait à sa naissance si vieux qu'il faisait déjà de la peine. Ce bébé calvitique qui, pour dissimuler son bec-de-lièvre, faisait pousser une moustache qu'Hitler lui-même lui aurait enviée : fournie, sale, pleine des légumes et des morceaux de viande qu'il avait mangés. Au-dessus siégeait un groin. Tranquilles, à peine atteints de rougeur, deux petits yeux dans lesquels pouvait passer ce que certains naïfs prenaient pour de la malice et qui n'était jamais qu'une forme de cupidité et de désir. Les oreilles, qu'il avait sales, étaient à peine cachées par le reste de la calvitie qui tombait sur le cou gras et épais. Le tout était dissimulé par une chemise à carreaux comme on n'en rencontre pour ainsi dire plus nulle part. Un je ne sais quel costume de marin le déguisait provisoirement, lui donnant à ses yeux une importance qu'il ne saurait avoir. Le pantalon rouge qui cachait des jambes maigres ainsi que des chaussures que l'on rencontre en général sur des navires. Le tout pour se donner l'air d'un capitaine, alors qu'il n'était même pas un mousse et que, tant qu'à mousser, la mousse, on l'aurait mise dessus pour laver ce petit être répugnant qui était assis à côté de moi.

◁ ▷

MARTIN

Dites donc, je ne veux pas faire de réflexion. Mais, j'arrête l'émission.

BOUVARD

Pourquoi ?

MARTIN

Parce que Castelli vient de se déchausser. Alors moi, je suis désolé, mais il y a quand même des limites. Je sais bien qu'il n'a pas l'eau courante mais enfin...

BOUVARD

En plus, il a des pieds mais des pieds !

MARTIN

Monstrueux.

CASTELLI

J'ai pris deux bains, alors...

GAILLARD

Mais dans l'année, c'est pas beaucoup.

MARTIN

Je n'avais jamais vu des pieds comme ça. On dirait du rôti de veau pour huit. Ne mets plus tes pieds dans des pantoufles, mets-les dans une cocotte.

◁ ▷

MARTIN à CASTELLI

Elle est très bien, ta sœur, mais tu devrais lui conseiller de se raser. Parce que le duvet superflu, chez elle, il y en a vraiment beaucoup.

CASTELLI

Tu peux venir demain, on sera là tous les deux.

MARTIN

Elle vient à R.T.L., ta frangine ?

CASTELLI

Non, elle sera chez moi.

BOUVARD

Elle est en permission ?

MARTIN

C'est que c'est rare d'avoir une sœur C.R.S. Qu'est-ce qu'elle faisait avec un casque et des grenades lacrymogènes, l'autre jour, ta frangine ?

KERSAUZON

Elle se maquillait.

CASTELLI

N'importe quoi !

MARTIN

Elle est vachement bien, sa sœur. Surtout avec ses brodequins. Splendide ! Pourquoi porte-t-elle des culottes de golf ?

KERSAUZON

Pour cacher sa culotte de cheval.

MARTIN

Dis-moi, elle est voûtée naturellement ou c'était un sac tyrolien qu'elle portait ?

CASTELLI

Viens demain, tu verras.

MARTIN

Elle est ravissante. Moi, j'ai vu ses cuisses, on dirait des cartes routières. Tu remontes le long de la grosse veine. C'est plein de départementales. Non. Elle est bien ta frangine. Elle est même remarquable. L'idée d'avoir remplacé son linge de corps par le journal du jour, c'est pas mal. Elle n'a pas froid aux fesses comme ça.

◁ ▷

DIS-MOI QUELLE EST TA GROUPIE, JE TE DIRAI QUI TU ES...

CASTELLI

J'ai reçu une lettre ce matin ; ma première lettre...

JUGNOT

Et alors, c'était quoi ? Les impôts ?

CASTELLI

Mais non, c'était pour « les Grosses Têtes ».

BOUVARD

Qu'est-ce qu'on vous disait ?

CASTELLI

« Monsieur, je vous rencontre souvent dans ma rue, rue des Martyrs. Chaque jour, je suis « les Grosses Têtes », je coupe le téléphone et je ne reçois plus aucune visite pendant l'audition de cette émission. Vous me plaisez bien...

MARTIN

Et il est beau, ce mec ?

CASTELLI

Je t'ai dit que c'était une dame.

BOUVARD

Et qui vous dit : « Vous me plaisez bien. »

JUGNOT

C'est parce que c'est de la radio, sinon elle n'aurait pas écrit...

MARTIN

Je ne savais pas qu'il y avait un institut d'aveugles dans ta rue.

CASTELLI

Tu casses tout, t'abîmes tout, tu brises tout !

MARTIN

Mais non, mais non. Mais moi, je ne rêve que d'une chose, c'est que tu fondes un foyer chrétien basé sur le respect mutuel du couple. Moi, je serai là, le matin de la cérémonie. Je veux être ton témoin. Je chanterai à l'église, une java pour faire plaisir à l'auditrice.

JUGNOT

Oui, que tu connaisses l'union sacrée au moins une fois dans ta vie...

CASTELLI

Mais qu'est-ce que ça vient faire avec la lettre ?

BOUVARD

Qu'est-ce qu'elle vous disait après ?

CASTELLI

Elle termine par : « Croyez, je vous prie, à ma... »

MARTIN

Et il y avait un *post-scriptum* que tu devrais dire : « Excusez-moi de vous écrire au crayon, mais à l'asile on n'a pas le droit d'utiliser les stylos. »

BOUVARD

Elle n'est pas folle, elle se garde bien de mettre son adresse.

MARTIN

C'est une lettre anonyme, quoi !

CASTELLI

Mais non, elle a signé de ses initiales.

BOUVARD

Comment savez-vous que c'est une dame, alors ?

CASTELLI

Elle a une écriture féminine.

BOUVARD

D'accord. Mais enfin, que vous voulait-elle ?

MARTIN

Elle lui proposait la botte, tout simplement.

CASTELLI

Elle était contente des « Grosses Têtes ».

BOUVARD

Elle savait où vous habitiez... Ce ne serait pas votre concierge pour vous faire une blague ?

JUGNOT

Passe une annonce. Dis à cette dame qu'elle se manifeste.

BOUVARD

Qu'elle prenne du linge propre, deux jours de vivres et qu'elle monte à votre cinquième étage.

CASTELLI

Je vais peut-être la rencontrer dans la rue.

BOUVARD

A quoi la reconnaîtrez-vous ?

CASTELLI

Oh ! Mais elle, elle me reconnaîtra !

JUGNOT

Pour sûr, elle ne peut pas se tromper...

CASTELLI

De toute façon, elle me dit qu'elle habite rue des Martyrs, c'est donc qu'elle doit faire ses courses rue des Martyrs.

KERSAUZON

C'est pas parce qu'elle habite rue des Martyrs qu'elle voudra bien être votre victime.

CASTELLI

Vous allez prendre des baffes dans la gueule !

JUGNOT

Voyez, madame, c'est un violent, faites attention !

BOUVARD

Soyez gentils, c'est la première lettre d'admiration qu'il reçoit. Depuis combien de temps, monsieur Castelli ? Car il y a bien vingt-cinq ans que vous êtes sur le marché, maintenant ?...

JUGNOT

Moi, je veux savoir. Cette femme a bien écrit « vous me plaisez beaucoup » ?

CASTELLI

Oh ! oh ! Ça suffit ! Je te la montrerai, la lettre.

MARTIN

Il n'y a pas d'ascenseur chez toi ?

CASTELLI

Non.

MARTIN

Comment elle va faire pour monter les cinq étages avec sa petite voiture.

CASTELLI

Elle n'a pas de petite voiture.

JUGNOT

Non, elle a des béquilles.

BOUVARD

Vous l'avez rencontrée au festival de Cannes, peut-être ?

JUGNOT

Achète-toi un break pour l'emmener.

MARTIN

Si elle est trop grosse, fais deux voyages.

Elle donne son âge ? Non ?

Parce que, avant de la mettre au lit, passe-la au carbone 14. On pourra peut-être la classer aux monuments historiques.

◁ ▷

MAIRESSE ENTRE DANS LA DANSE

MAIRESSE à BOUVARD *(En désignant Martin et de Kersauzon :)* Monsieur, ils font des *private jokes.*

CASTELLI

Tu ne peux pas parler français ?

MAIRESSE

Mais ce n'est pas de ma faute. Je suis à moitié Américaine.

MARTIN

C'est vrai ?

BOUVARD

Comment ça se fait ?

MAIRESSE

Parce que ma mère est américaine.

BOUVARD

Non, je voulais dire c'est le dos ou le devant ?

MAIRESSE

Il paraît que j'ai plutôt pris derrière. C'est pour ça que quand je m'éloigne on dirait que je reviens...

BOUVARD

Il y a de beaux restes...

MAIRESSE

J'ai un truc à te raconter au sujet de Bouvard. *(A Martin.)* A chaque fois que je viens à l'émission, si je ne lui fais pas la bise, il est malheureux, n'est-ce pas ?

MARTIN

Oui, c'est normal à cet âge-là.

MAIRESSE

L'autre fois, je l'ai rencontré à l'aéroport de Nice avec sa femme. Il m'a tendu la main.

BOUVARD

Que voulez-vous que je vous tende d'autre dans un aéroport ?

◁ ▷

DRUCKER

J'adore quand Martin chante. Il a une voix superbe.

MARTIN

Pas aujourd'hui, tu sais. Je me suis couché très tard. La fille n'a cédé qu'à 4 heures du matin. Quatre fois j'ai chanté *Strangers in the night.*

DRUCKER

Pourtant, tu avais tamisé les lumières...

MARTIN

C'était formidable. Mon salon était parfumé au « Timor ». Il n'y avait pas une mouche. Rien. Et puis, je l'avais gâtée. Je l'avais invitée à souper chez Mac Donald... De plus, j'ai trouvé un truc. Tous mes sièges sont encombrés de bouquins, donc, automatiquement, on ne peut s'asseoir que sur le lit... Je lui dis : « Je suis désolé, c'est un peu en désordre chez moi. » Il n'y a que le lit pour s'asseoir. Une fois qu'elles sont sur le lit, on est à mi-parcours. Le plus difficile, c'est d'arriver, une fois qu'elles sont assises, à leur faire poser aussi le dos.

BOUVARD

Comment la persuadez-vous de se coucher quand elle est assise ?

MARTIN

Je mange de l'ail et je lui chante très près *Strangers in the night.* Vous êtes assis près d'une femme sur un divan, vous vous dites elle ne va pas s'allonger d'elle-même, alors vite, rapidement, là, une bonne salade à l'ail et vous chantez *Strangers...* Et elle recule, elle recule...

◁ ▷

BOUVARD

On m'a dit, monsieur Brialy, que vous aviez votre propre goupillon.

BRIALY

C'est vrai.

KERSAUZON

La hantise de tous les artistes, c'est de prendre une dernière bière avec toi.

MARTIN

Mais c'est normal que Jean-Claude nous représente dans les enterrements puisqu'on l'a choisi pour son...

BRIALY

Mais c'est complètement une légende !

LE LURON

Vous savez qu'il a beaucoup de succès. On l'appelle le tombeau de ces dames.

KERSAUZON

Moi, j'avais jamais vu un film de toi. J'avais jamais entendu parler de toi. Et puis, y'a quatre mecs connus qui ont dévissé leur billard et je t'ai vu quatre fois !

BRIALY

Donc, tu y étais aussi ! Mourez mes enfants, mourez, y'aura personne.

LE LURON

Mourez, Brialy fera le reste.

◁ ▷

III

Les grands moments

Au sommaire des grands moments qui constituent aujourd'hui les « classiques » de l'émission, et qui, grâce aux rediffusions, aux disques et aux cassettes, ont pu toucher des gens qui n'avaient pas entendu l'émission originale, figurent la visite mémorable de Miss France et l'ode à Montluçon.

La première, qui nous avait permis de toucher l'ignorance à l'état pur, et l'apothéose d'une métropole jusque-là peu connue pour son rayonnement planétaire demeurent liées dans mon souvenir personnel non seulement à des morceaux de bravoure confinant au génie, mais encore au matériau radiophonique le plus précieux : je veux parler du fou rire. De ces vagues d'hilarité qui submergent une salle de cinq cents personnes, puis un auditoire de trois millions de fidèles, et qui forcent les techniciens de la station à s'arrêter de travailler et les automobilistes à se ranger sur le bord de la route.

[illegible] grandes [illegible] constitue [illegible]

[illegible]

ENCORE ET TOUJOURS LA SŒUR DE CASTELLI

MARTIN

Elle est jolie, ta sœur.

BOUVARD

Elle explique, sans pour autant l'excuser, l'homosexualité masculine.

KERSAUZON

Quand même, elle la justifie. Condamné à la sœur de Castelli, moi, je me flingue.

MARTIN

La première fois qu'elle a baissé sa culotte, le mec a fait : « Oh ! Araignée du matin, chagrin. » Quelle horreur !

CASTELLI

Et ça vous fait rire...

MARTIN

Ta frangine, franchement, elle est célibataire ?

CASTELLI

Non. Elle est « maquée ».

BOUVARD

Je crois qu'elle milite dans le M.L.F.

CASTELLI

Mais pas du tout !

BOUVARD

Elle a une tête à ça, pourtant ! Non ?

MARTIN

Elle est pratiquante ?

CASTELLI

On peut être pratiquante et « maquée ».

MARTIN

Elle offre à Dieu ce que les hommes n'ont pas voulu, si j'ai bien compris. C'est pour ça qu'il y a plein de débris dans les églises. Alors, honnêtement, c'est une pratiquante ou une relique ?

CASTELLI

Ce dont les hommes n'ont pas voulu. Quand t'envoie des vannes, parle bien le français.

BOUVARD

C'est sûrement une relique parce qu'elle a les yeux chassieux.

CASTELLI

Ma pauvre sœur, il n'en reste plus rien, vous la passez au pilon.

CECCALDI

Mais pourquoi l'avoir amenée un jour à R.T.L. ?

MARTIN

Ils n'en veulent plus au frigo.

CASTELLI

Parce que j'avais envie de l'amener.

BOUVARD

Mais avec qui est-elle ? Y a-t-il vraiment un homme qui s'intéresse à elle ?

KERSAUZON

Oh oui ! Un scientifique. Elle est entourée de scientifiques à longueur de journée. Ils la regardent, ils lui font le réflexe médullaire. Un peu d'acide sur la patte : elle lève la patte et ils notent... Ils essaient des tas de trucs avec elle, des électrodes dans l'oreille et tout et tout...

MARTIN

Elle est formidable, on dirait un saucisson Olida sans la peau.

KERSAUZON

Même au chenil où elle était, Bardot n'en a pas voulu. Alors ?... Ils l'ont filée aux laboratoires.

CASTELLI

J'espère qu'elle n'écoute pas « les Grosses Têtes ».

KERSAUZON

Mais elle ne peut pas entendre. Elle n'a pas d'oreilles. Elle a deux petites mains à la place.

MARTIN

Non, elle est formidable. Une question, simplement. C'est une vertébrée ?

CASTELLI

Vous ne respectez rien. Vous cassez tout. Vous abîmez tout !

KERSAUZON

Moi, je l'ai trouvée très bien, ta sœur. Elle avait enlevé ses plumes pour venir ?

MARTIN

Tu la mets dans un moule. Tu tapes et hop... un pudding !

◁ ▷

ÉQUATION À UNE INCONNUE OU LA PRÉSENTATION D'UNE « GROSSE TÊTE » EXCEPTIONNELLE : MISS FRANCE

BOUVARD

Bonjour. A la place d'honneur, encore vacante pour l'instant, nous allons installer une personne qui n'est jamais venue, qui, voici encore un mois, n'aurait jamais soupçonné qu'on pût l'inviter aux « Grosses Têtes ». C'est une reine dans sa spécialité, une reine de beauté, c'est Miss France. Elle s'appelle Mlle Manchon... Avec un pareil nom, elle ne doit pas avoir froid l'hiver à ses mimines...

JUGNOT

Vous vous appelez bien Bouvard.

MARTIN

Il y a eu ballottage ?

BOUVARD

Je termine ma présentation par trois chiffres : 85-60-85. Qu'est-ce ?

Miss France

Le tour de poitrine, de taille, de hanches.

MARTIN

Et vous arrivez à joindre les deux bouts ?

JUGNOT

C'est con, j'ai pas apporté ma feuille de loto !

BOUVARD

Vous ne voulez pas retirer votre manteau ? Les changements de cap, ça intéresse les marins... Savez-vous ce qu'on fait ici ?

MARTIN

On pose des questions, et il faut y répondre.

JUGNOT

Alors, vous voyez mademoiselle, là, vous n'avez pas répondu à la question. Vous nous devez 100 francs.

MARTIN

Ou un baiser...

Miss France

Je préfère donner un baiser que 100 francs.

KERSAUZON

Je ne peux pas avoir plutôt 50 francs ?

BOUVARD

Comment la trouvez-vous, monsieur de Kersauzon ?

KERSAUZON

Eh, bien, radine, puisque je lui demandais 50 francs à la place.

BOUVARD

Et vous préférez 50 francs à un baiser de Miss France ?!

KERSAUZON

Oh oui !

JUGNOT

Vous allez faire Miss Monde, plus tard, quand vous serez grande ? Miss Europe, peut-être ?

MARTIN

Combien étiez-vous de filles, en tout ?

Miss France

Cinquante.

MARTIN

Et ils les ont jetées, les autres ? Moi, je veux bien les récupérer.

BOUVARD

Que sont devenues les autres ?

Miss France

Il y a déjà trois dauphines.

JUGNOT

Sept suicides.

BOUVARD

Cinq sont parties dans un cabaret au Moyen-Orient.

MARTIN

Sept en Argentine...

JUGNOT

Finalement, d'être Miss France, ça vous donne droit à quoi ? A une carte orange gratuite ?...

BOUVARD

Je vous préviens, elle a un fiancé. Autant que vous le sachiez tout de suite.

JUGNOT

Ah oui ?

BOUVARD

Il est grand, le fiancé ?

Miss France

Oui, il est grand.

BOUVARD

Quel est son prénom ?

Miss France

Patrick.

BOUVARD

Qu'est-ce qu'il fait comme métier ?

Miss France

Il est ambulancier.
(Jugnot imite la sirène de l'ambulance.)

MARTIN

C'est vachement pratique une ambulance pour sortir le soir.

JUGNOT

Tu peux sortir couché.

MARTIN

J'aime autant te dire que quand tu vas chercher une fille en bas de chez elle en faisant... *(il imite à son tour le bruit de l'ambulance)* je ne te raconte pas la tronche du père. Surtout quand tu frappes « toc toc toc », tu entres avec le brancard et tu dis : je viens chercher Monique. C'est une urgence, mademoiselle Manchon.

Miss France

Oui.

MARTIN

Pourriez-vous expliquer à nos auditrices ce que c'est qu'un spermatozoïde ?

Miss France

Ah non, je ne sais pas ce que c'est.

KERSAUZON

Ce n'est pas un genre d'animal qui circule dans une voiture qui fait du bruit *(bruit de l'ambulance)*?

MARTIN

Alors, mademoiselle Manchon, à votre avis, le spermatozoïde, qu'est-ce que c'est ?

Miss France

Vous y tenez, hein ?

MARTIN

Je ne les lâche pas facilement.

JUGNOT

Je vais vous montrer.

BOUVARD

Si on vous en donnait, qu'est-ce que vous en feriez ?

Miss France

Je les mettrais dans l'album.

MARTIN

Remarquez, ça colle bien. D'après ce que nous a dit Bombard. Enfin, vous ne voyez pas du tout ce que ça peut être ?

KERSAUZON

Il faut vous faire rembourser vos études.

Miss France

Eh bien ! expliquez-moi.

MARTIN

C'est très difficile.

KERSAUZON

Ils vivent en groupe. C'est une communauté dans laquelle y'a pas d'affaire d'argent parce qu'ils partagent le même liquide. Donc, tout le monde échange.

MARTIN

Ce sont de bons alpinistes aussi. Ils traversent souvent des cols. Imaginez une cordée d'alpinistes. Ils gravissent un col et après l'épreuve, ils vont se mettre au vert. Maintenant, ma petite fille, vous savez tout.

BOUVARD

Alors, à Narbonne, où pourriez-vous vous en procurer ?

JUGNOT

imite la sirène de l'ambulance repris par de Kersauzon et Martin.

MARTIN

Qui était le général de Gaulle ?

Miss France

C'était un danseur, non ?

JUGNOT

Là, elle se fout de ta gueule. En réalité, c'était un moniteur à la colo.

BOUVARD

Qu'est-ce qu'il faisait ?

Miss France

J'ai oublié.

MARTIN

Ça ne fait rien, on t'aime bien quand même, tu es si jolie, Fanny, avec tes yeux, ta petite bouche. C'est bien dommage que tu aies passé la nuit avec Marius. Ici, tu as trouvé une famille avec « Petit Jugnot », le naïf de l'assistance.

JUGNOT

Dis, papa, je peux l'embrasser la fille ?

MARTIN

Il y a aussi mon grand qui voyage...

KERSAUZON

Papa, depuis que je l'ai vue, je ne veux plus aller en mer.

MARTIN *(façon Pagnol)*

Et le soir, quand tout le monde sera couché, j'irai te montrer les étoiles, je te ferai voir la Grande Ourse, je te montrerai dans le ciel la voie lactée qui ressemble à un troupeau de spermatozoïdes. Elle est belle notre Provence avec ses puits de mines, avec ses centrales atomiques, avec ses campeurs.

JUGNOT

Et à quoi ça sert que Ducros il se décarcasse ?...

◁ ▷

ÉCRIVEZ UNE LETTRE D'AMOUR

BOUVARD

A vos plumes !...

JUGNOT

Je commence. Madame, je n'ai pas beaucoup d'argent en ce moment et quand je vous ai vue, j'ai eu un choc. Ma vie est tellement triste... De plus, je ne suis pas beau.

BOUVARD

En tous les cas, il s'est admirablement décrit.

MARTIN

On voit bien l'homme à travers ça. A toi, Castelli.

CASTELLI

Yolande, j'ai reçu votre lettre ce matin. Je vous rencontre parfois rue des Martyrs quand vous faites vos courses. Entre la poissonnerie et le cordonnier, je vous attends dans le caniveau. Chaque soir, je fais la prière devant votre lettre et je la mets sous mon oreiller.

MARTIN

Arrête, arrête... Mais tu es fou. Oh ! Oh ! Oh ! Enlève tes lunettes...

CASTELLI

... Et je dors, et tel un ange gardien elle veille ma nuit.

MARTIN

(imitant le cri du coyotte amoureux :) Waouh !

JUGNOT

Couché, Rex ! Couché !

BOUVARD

Maintenant, la lettre d'amour d'un noble et d'un aristocrate navigateur, la lettre d'amour d'Olivier de Kersauzon.

KERSAUZON

Madame, vous m'avez écrit, et maintenant chaque mot de votre lettre est pour moi un compagnon de rêve. Lorsque je retrouve cette missive dont j'ai déjà froissé le papier, tant avec fébrilité qu'avec passion, un je ne sais quoi se passe en moi, qui apparaît presque comme un miracle et qui pour moi est, je le sais, le début d'un grand moment. Les mots que vous avez mis si simplement sur le papier sont des mots merveilleux, et la description que vous laissez entendre d'une silhouette que j'ai entr'aperçue et qui m'a déjà fait battre le cœur est tellement précise et tellement intime que j'en ai des frissons de désir. Je repars dans mon petit bateau, dans la culotte du même métal pour ne pas rester plus longtemps avec vous, seulement avec des rapports épistoliers. Je voudrais que nous nous retrouvions. Je vous l'écris et je vous le dis simplement : au cimetière, le soir, près d'une tombe, la gueule pleine de sang, j'irai mordre voluptueusement la fragilité de votre petit cou.

BOUVARD

Et c'est signé : Un vampire qui vous aime.

◁ ▷

JUGNOT à KERSAUZON

Mais tu parles comme ça aussi vulgairement sur ton bateau ?

MARTIN

Il s'en fout, il est tout seul.

JUGNOT

Et les poissons ? Y'a eu des plaintes...

KERSAUZON

Ceux qui se sont plaints, je les retrouve aux halles, le matin.

BOUVARD

Qu'est-ce que vous faites quand vous êtes tout seul sur votre bateau ?

JUGNOT

Il répare. Il étudie la carte...

YANNE

Il se prépare ses petits repas.

JUGNOT

C'est ta femme qui te fait tes gamelles ?

KERSAUZON

Je peux t'en livrer une tout de suite. Tu vas la prendre. Non mais, arrêtez le jambon. Remettez-lui un os et en vitrine !

JUGNOT

Mais il va me frapper, le zèbre !

BOUVARD

Monsieur de Kersauzon, c'est parce qu'on vous aime bien et que votre métier nous intéresse qu'on vous pose toutes ces questions.

JUGNOT

C'est ton métier !? Ah ! mais je ne savais pas. Je croyais que tu faisais ça pour t'amuser le soir comme Bouvard fait de la radio... Ne me touche pas !

MARTIN

Je vais vous dire une chose. Quand on interviewe un navigateur, il y a un style à adopter. Ça ne se passe pas comme ça. Voyez Kersauzon, c'est l'homme en face de la mer.

KERSAUZON

Tu vas la boucler, non ?

MARTIN

Olivier de Kersauzon, c'est ce visage tourné vers les vents de force 8... Olivier, dis-moi : Que ressent-on seul face à l'immensité de l'océan ? *(Silence.)*

JUGNOT

Tu pourrais répondre à Martin.

KERSAUZON

Toi, le jambon, je vais te persiller, tout à l'heure.

MARTIN

Laisse-le ou je dis ton surnom : Christophe Coulons.

BOUVARD

Question de M. X de Noisy-le-Sec.

JUGNOT

C'est pour Kersauzon.

BOUVARD

Parce que c'est Noisy-le-Sec ?

JUGNOT

Oui. Ah ! Je n'ai rien dit, je ne veux plus être à côté de ce mec. Il va me frapper. Déjà il a voulu dans les coulisses tout à l'heure.

MARTIN

Tu sais, Jugnot, tu ne vas pas sortir vivant d'ici...

JUGNOT

Tu manges du poisson sur ton bateau ? Tu as le temps de pêcher ?

MARTIN

A la vitesse où il va, oui.

(Kersauzon se lève menaçant...)

JUGNOT

N'écoute pas, Olivier. Tout ça c'est des blagues. Je m'en fous de ce que tu fais sur ton bateau. Je ne savais même pas que tu faisais du bateau. *(A Philippe Bouvard :)* Monsieur, monsieur, il est lâche, il veut me frapper dès que vous aurez l'œil tourné...

BOUVARD

Rassurez-vous. Je ne tournerai pas de l'œil s'il vous frappe. Qu'est-ce qui connaît *Booz endormi* ?

MARTIN *(récitant):*

Et Booz se demandait quel moissonneur de l'éternel été.
Avait, en s'endormant, négligemment jeté
Cette faucille d'or dans le champ des étoiles.

BOUVARD

Vous ne faites pas de la poésie comme ça, monsieur de Kersauzon. Je vous ai connu à une époque où vous aviez l'alexandrin plus facile. Il faut dire qu'on n'avait pas encore de jambon au menu.

JUGNOT

Il buvait moins.

KERSAUZON

C'est ça, continue.

BOUVARD

Quand il est sur son bateau, il boit beaucoup mais il recrache tout.

JUGNOT

Ça consomme, hein !

KERSAUZON

Profites-en bien. Tu vas rentrer avec de la mayonnaise dans les oreilles. C'est tout.

JUGNOT

Monsieur, monsieur, il s'approche !...

◁ ▷

MONTLUÇON DEVIENT LA MÉTROPOLE DES « GROSSES TÊTES »

J. YANNE

Franchement, s'il y a un truc dont je me fous avec la dernière énergie, c'est de savoir où se trouve Montluçon.

MARTIN

Tu as tort parce que les gens t'aiment à Montluçon.

BOUVARD

Vous n'avez jamais accosté à Montluçon, monsieur de Kersauzon ?

MARTIN

Si, par erreur.

BOUVARD

Qu'y a-t-il à Montluçon ?

MARTIN et YANNE *(en chœur):*

Le nougat.

YANNE

C'est aussi la capitale du champagne comme tout le Bordelais, d'ailleurs.

MARTIN

Et la vierge de Montluçon ?

KERSAUZON

La seule vierge qui soit apparue en bagnole à un feu rouge.

YANNE

Montluçon, tu me plais
J'aime beaucoup tes filles
Montluçon, s'il te plaît
Retire ta cédille.

BOUVARD

L'histoire de Montluçon ne date pas d'aujourd'hui.

YANNE

Roosevelt a quand même dit : « On s'en fout qu'ils détruisent Pearl Harbour. On ira à Montluçon. » Ça, je ne l'ai pas inventé, non !

MARTIN

Dans la riante cité de Montluçon, à la sortie nord-est de la ville, se dresse l'usine de gros poutards, ces fromages régionaux dont certains habitants raffolent.

YANNE et KERSAUZON

Bê-bê-bê.

MARTIN

Ils présentent la particularité d'avoir la croûte à l'intérieur. On distingue trois sortes de gros poutards, le fromage préféré du docteur Schweitzer qui, en plein cœur de la Savane, n'hésitait pas à s'exclamer : « Il est gros poutard docteur Schweitzer », car en tant qu'Alsacien il raffolait du gros poutard.

BOUVARD

Il y a un bois à Montluçon ?

MARTIN

Bien sûr. Ah ! le joli bois de Montluçon. Ce bois est habité par le Bouvard des herbes qui s'attaque aux jambes des femmes.

MOUROUSI

Et les petits métiers de Montluçon ?

YANNE

Les pignoleurs, par exemple.

MARTIN

Et les brandouilleuses de Montluçon ?

BOUVARD

Que fait un pignoleur ?

MARTIN et YANNE

Il pignole.

BOUVARD

Et une brandouilleuse ?

MARTIN et YANNE

Elle brandouille.

KERSAUZON

Elle brandouille avant le pignoleur.

YANNE

En fait, les Montluçonnais sont tellement habiles qu'ils font les deux en même temps.

BOUVARD

Je me demande si je sortirai un jour de Montluçon !

KERSAUZON

Sans plan, c'est pas possible.

YANNE

Il faut partir de la mosquée.

MARTIN

Et tu vas directement vers le temple.

YANNE

Messieurs, messieurs, parlons quand même des drames de Montluçon. Les fumeries de Montluçon.

MARTIN

Tu as raison, les fumeries de Montluçon sont un fléau pour la jeunesse.

BOUVARD

Que fume-t-on là-bas ?

YANNE

On y fume le saumon. Avez-vous pensé à ces pauvres bêtes, au martyre qui est le leur ?

MARTIN

Et on ne vous a parlé que de Montluçon le haut. Mais il y a Montluçon le bas.

YANNE

Et Montluçon chantier, c'est de la merde ?

◁ ▷

UN CROCHET PAR LE BOIS...

JUGNOT

Qu'est-ce que c'est que toutes ces histoires du bois de Boulogne ?

MARTIN

Il faut que je t'explique.

JUGNOT

Oui, je ne suis pas bien au courant.

MARTIN

Voilà, si tu passes un soir au bois de Boulogne, tu t'apercevras d'une chose assez étonnante. Les automobilistes français sont les plus honnêtes et les plus consciencieux du monde. A partir de 20 h 30, des gens, qui ont quand même travaillé huit à dix heures dans les bureaux sans qu'on les force, se rendent au bois de Boulogne pour essayer leurs phares : phares, codes, phares, codes... afin de ne pas avoir d'accidents lorsqu'ils emmèneront leurs femmes et leurs enfants en week-end.

YANNE

Ils essaient leurs freins également... Ils ralentissent.

MARTIN

Et s'il y a quelqu'un qui est en panne au bord du trottoir, spontanément, ils ouvrent leurs portes pour lui dire : « Je vous emmène. » C'est ça la France. Nous sommes un peuple extraordinaire.

BOUVARD

Il y en a même qui descendent pour aller aider des dames à couper du bois !

YANNE

Et ce ne sont pas des types qui en profitent. La preuve, c'est que certains proposent à une dame de la déposer quelque part. On les voit, ils font 10 mètres à peine et la dame redescend. C'est gentil.

MARTIN

En réalité, ces dames sont des inspectrices de la route, car j'ai remarqué qu'une fois installées dans la voiture elles penchent très souvent la tête pour voir si les pédales sont correctes. Le nombre de femmes au bois de Boulogne qui, pendant que le conducteur avance doucement, regardent si le gars met bien les pieds où il faut est étonnant.

YANNE

Ce que dit Jacques est très vrai parce que depuis quelque temps il y a même des Brésiliens qui viennent vérifier s'il y a des pédales.

BOUVARD

Vous voyez que les gens sont moins méchants que ce que l'on prétend.

YANNE

Il n'y a pas ça à Central Park. C'est une des fiertés de notre pays.

MARTIN

Moi, je suis fier d'être français.

◁ ▷

POUR OU CONTRE L'ÉDUCATION SEXUELLE ?

BOUVARD

Qui a dit : « Donner des cours d'éducation sexuelle aux enfants est aberrant. Le moment venu, ils auront l'air de faire une composition. »

MARTIN

Ah ! c'est vrai. Laissons aux enfants les joies de découvrir eux-mêmes...

YANNE

Dans le préau.

MARTIN

Ou dans les dortoirs, ou bien encore en perçant un trou dans la porte de la chambre des parents. Enfin, des choses saines, quoi !

JUGNOT

Il y a eu trop d'accidents. Moi, je ne savais pas. La première fois, j'ai fait des horreurs.

BOUVARD

On vous avait dit fais comme les chiens dans la rue et vous avez fait pipi le long de l'armoire ! *(A Yanne.)* Si vous deviez donner des leçons d'éducation sexuelle à des petites filles et à des petits garçons ? Imaginez que vous ayez une classe de quatrième devant vous.

YANNE

Je leur dirais : « Mes chers enfants, ce que vous faites entre vous dans les cabinets, et les abeilles c'est pareil. » C'est pas compliqué, il faut simplement leur dire que dans la nature, pour tous les animaux, c'est comme pour eux.

JUGNOT

Ça dépend des animaux.

BOUVARD

Et vous, monsieur Martin, ça vous choque qu'on explique les choses sexuelles aux enfants ?

MARTIN

Il y a une certaine façon de le faire, Philippe. Gentiment. Et puis tout dépend si les parents sont là. S'ils ne sont pas là et qu'ils vous ont donné les enfants à garder, avec deux cachous on peut aller très loin. Vous voyez ?!

JUGNOT

Il ne faut pas apprendre l'éducation sexuelle. Il faut apprendre l'éducation du plaisir. Ça n'a rien à voir. L'éducation sexuelle, c'est purement mécanique.

YANNE

Il faut apprendre l'éducation tout court et le sexe viendra bien tout seul.

BOUVARD

Et vous, monsieur de Kersauzon ?

JUGNOT

Il s'en fout. Il ne savait même pas que ça existait.

◁ ▷

MARTIN

Léon Zitrone n'est pas de notre religion. Vous n'êtes pas catholique, monsieur Zitrone ?

ZITRONE

Non.

MARTIN

Oui, c'est ça vous êtes d'une autre religion. C'est un sauvage, un barbare. Dieu sait que j'ai donné de l'argent pour les missionnaires, mais on n'a pas converti tout le monde. Il est très agréable, mais il n'est pas de la vraie religion.

BOUVARD

Vous êtes croyant, monsieur Zitrone ?

ZITRONE

Non, je ne suis pas précisément croyant. J'envie beaucoup ceux qui croient.

BOUVARD

Monsieur Zitrone, quand vous voyez cette merveille de la nature qu'est Jacques Martin, vous n'êtes pas tenté de croire ?

ZITRONE

Si, si.

MARTIN

Je n'ai rien contre les autres qui pratiquent. Mais les catholiques c'est mieux. N'est-ce pas, Bouvard ? Bouvard n'a pas foutu les pieds dans une église depuis sa première communion. Il était tellement petit, ce jour-là, qu'on a cru qu'on allait le baptiser... Alors que sa famille était très pieuse. J'ai fait Lourdes avec son frère Maurice, le brancardier. L'abbé Eugène Bouvard était supérieur des jésuites à Saint-Pierre-l'Auriol. Les Bouvard sont une famille très catholique.

BOUVARD

Dernière citation, nous la devons à Mme Vieillard de Chalon-sur-Saône.

MARTIN

C'est pas un nom très catholique, ça.

BOUVARD

Qui a dit : « Le célibataire vit comme un roi mais meurt comme un chien, alors que l'homme marié vit comme un chien mais meurt comme un roi. »

ZITRONE

C'est un Français ?

MARTIN

Un auteur dramatique ?

BOUVARD

Oui.

ZITRONE

Jean Anouilh.

BOUVARD

Excellente réponse de Léon Zitrone qui bat Jacques Martin d'une courte tête.

MARTIN

Je l'ai laissé gagner, Philippe, par charité chrétienne.

BOUVARD

Eh bien, sur cette belle leçon d'humilité donnée par M. Martin, bravo, merci, à la prochaine fois.

MARTIN

Au nom du père, du fils et du Saint-Esprit. *(A Bouvard :)* Au revoir l'abbé.

◁ ▷

BOUVARD

Question de M. Sénéchal, de Bézieux, dans le Nord.

MARTIN

Tu te souviens, Olivier, j'ai connu un Sénéchal à l'armée...

KERSAUZON

Oui, il se faisait appeler « Nous Voilà » ; Sénéchal, nous voilà...

MARTIN

J'ai aussi connu un Rénéchal... Ça n'est pas lui ?

BOUVARD

Non ! c'est Sénéchal.

KERSAUZON

Ah ! Sénéchal... Je l'ai bien connu. Il a eu le Veau d'or à Fouilly-le-Petit. Les veaux qu'il avait, il fallait voir... Un jour, il n'y a plus eu de veaux, eh bien, c'est lui qui a eu la plus belle hormone du patelin.

MARTIN

J'ai connu un de Charebal qui était officier au 3e Cuir à Metz.

KERSAUZON

Et sa mère était une Morzouille de Camembert.

MARTIN

La sœur aînée, si tu t'en souviens, était entrée en religion. C'était une demoiselle Jurine de Fontencomble. Elle s'est faite nonne sous le nom de sœur Anne Papouille.

KERSAUZON

Une famille dont les origines remontent à 1722 !

MARTIN

Il y a eu un général de Montre-Lay surnommé « Fais-les voir ».

BOUVARD

Ça n'a rien à voir avec M. Sénéchal, de Bézieux.

MARTIN

Mais il fait ce qu'il veut... Les nuits sont longues à Bézieux. La ville est charmante; l'avenue principale et le boulevard Jean-Jaurès. Tu vois où est le café du Centre, juste en face la boulangerie « Aux Bonnes Miches », et son église tubulo-moyenâgeuse entièrement construite avec des bidons d'huile Lesieur: Notre-Dame-des-Arachides. Tous les dimanches, après le sermon, on fait la cacahuète.

BOUVARD

Revenons-en à M. Sénéchal.

MARTIN

Vous êtes sûr que ce n'est pas un Berenal, qui est un très bon médicament pour les personnes qui font pipi au lit très tard. C'est pas Berenal ?...

BOUVARD

Non, c'est M. Sénéchal, qui habite Bézieux, et Bézieux se trouve dans le Nord.

MARTIN

J'ai bien connu également un De Cortambert. Mais, là, je ne vois pas le rapport.

BOUVARD

Il vous sera beaucoup pardonné pour cet aveu.

◁ ▷

PSYCHODRAME À PARTIR D'UN GRAIN DE CAFÉ

MARTIN

J'ai été très très longtemps copain avec Jacques Vabre... Qui n'est pas un imbécile, car, comme commerçant, c'est le plus sérieux.

C'est quand même un mec qui va chercher UN grain

de café dans la cordillère des Andes et, quand il s'en présente deux, il choisit le plus brillant.

JUGNOT

Non, pas celui-là !

MARTIN

« Senior Vabre, celui-là, les autres me le prennent. »
(Voix humble du paysan.)
« Les autres, peut-être, mais pas moi. »
(Réponse de Vabre.)

JUGNOT *(imitant J. Vabre :)*

Pauvre con, tiens, prends, et il le fouette.

MARTIN

Et La Roche aux Fées, c'est pas une fille capable de faire des miracles ? Voilà ce qu'il fallait mettre au Temps libre, comme ministre. Des morceaux de fraises gros comme ça, elle en met partout ! Il y a tellement de morceaux de fruits que les mômes s'étranglent. Comment on fait pour sortir le yaourt du pot, maintenant ?

JUGNOT

Ils font des yaourts au melon ; y'en a plein de très gros, il n'y a plus de place pour le yaourt.

MARTIN

Moi, j'ai acheté, dimanche, un yaourt aux mouches. C'est joli tous ces petits grains noirs.

JUGNOT

Il existe des trucs au goût bulgare. Ils ont mauvais goût, ces Bulgares.

MARTIN

Moi, je le dis souvent, laisse-le tomber, il a des goûts bulgares.

Et M. Buitoni, vous savez ce qu'il met dans ses raviolis ?

JUGNOT

Et l'autre qui balance tout pour faire ses pâtes riches ?

MARTIN

Huit œufs frais au kilo, et il n'enlève pas les coquilles ! Moi, ce que je veux, c'est vivre dans les fleurs. Être un homme vingt-huit jours par mois.

JUGNOT *(voix féminine :)*

Et la fraîcheur en plus.

MARTIN

Et la Vache qui rit ? *(A Bouvard :)* Tiens, si vous en preniez ? Vous avez vu comme ils grandissent, les mômes ? Nouveau slogan : « Bouvard : deux vaches qui rient et Paf ! »

BOUVARD

Et vous, monsieur Yanne, qu'avez-vous vu de remarquable dans ce domaine aux États-Unis ?

YANNE

Ils ont des produits sains avec des colorants artificiels, pas des saloperies de fruits comme on bouffe ici. Pas des merdes qu'on va chercher à la campagne...

JUGNOT

Avec des vers...

YANNE

Des machins propres qui sortent des usines. C'est dégoûtant de manger de l'animal crevé ou du poisson mort et des saloperies de poireaux qui sortent de terre, que c'est plein d'asticots ! Vous, alors, tout ce que vous pouvez bouffer comme larves ! Les tomates ont des escargots qui leur courent dessus, les animaux urinent sur les légumes la nuit pendant que vous dormez dans des maisons de campagne où des cafards courent sous les lits. C'est quand même plus joli et plus propre une belle nappe de béton !

JUGNOT

Oui, mais là je te pose une question : à quoi ça sert que Ducros il se décarcasse ?

◁ ▷

IV

Les meilleurs dialogues

LES MEILLEURS DIALOGUES

Comédie aux cent actes divers, « les Grosses Têtes » fabriquent des dialogues à partir de thèmes et de caractères simples.

Les caractères sont variés :
— les petits qui n'ont pas peur des gros ;
— ceux qui roulent des épaules ;
— ceux qui font si mous qu'on peut leur donner la forme qu'on veut ;
— les invités nouveaux : ils ne disent souvent rien, mais les anciens ont à cœur d'être plus brillants encore ces jours-là.

Les thèmes sont éternels :
— la religion (les catholiques, les protestants, les israélites, les musulmans nous ont fait de si véhéments reproches que nous possédons au moins la certitude d'avoir procédé, sans le vouloir, à ce que le général de Gaulle nommait « une répartition équitable du mécontentement ») ;
— l'armée ;
— la magistrature ;
— le pouvoir ;
— les travailleurs immigrés ;
— les étrangers ;
— les anciens combattants ;
— les femmes ;
— les homosexuels ;

— les jeunes filles en fleur ;
— les jeunes filles qui ont perdu leur fleur ;
— le patronat de droit divin ;
— les faux chômeurs ;
— les obsédés sexuels ;
— les impuissants, etc.

On comprend, en détaillant cette liste qui est loin d'être exhaustive, que « les Grosses Têtes » ne respectent rien ni personne. Irrespect aggravé par les grands improvisateurs que sont Olivier de Kersauzon, Jacques Martin, Charles Level (une dernière recrue dont je ne suis pas peu fier, puisque Level est le seul à pouvoir trousser d'une façon totalement improvisée et sur un thème imposé une chanson dont les paroles sont spirituelles et la musique mélodieuse) dont le langage — mais c'est la loi du genre — dépasse souvent la pensée.

EN VERS ET CONTRE MOI

KERSAUZON

Arrêtez là, messieurs, cela a trop duré.
Laissez le nain parler.
Il est grand temps qu'il pose à son tour sa question.
Laissez parler ce tout petit garçon.

MARTIN

Et quoi, de Kersauzon, tu me vois étonné.
Tu prends donc le parti de ce petit mal né.
Quel est donc brusquement ce changement d'habitude ?
Toi qui parles toujours de braver l'altitude.

KERSAUZON

Tu sais, oui, mon cher Jacques, je n'ai pas grande pitié.
Mais quand je vois si petit... comment ne point l'aimer ?
La nature a donné un étrange costume.
C'est le fruit de l'homme ou d'une fée de la brume.
Je ne sais pas. Mais, enfin, je vois en face de moi.
Il pose sa question, il trépigne, mais je le défendrai.
C'est pas parce qu'il est petit que ce petit laperon
N'a pas droit à la vie.
Il a droit de s'exprimer.

MARTIN

L'amiral a parlé ! Messieurs, il faut nous taire.

KERSAUZON

Et oubliez, messieurs, le ridicule d'une cravate.
C'est pas parce qu'on est petit et qu'on n'a pas de pattes...
Mais vas-y, mon Bouvard, et puis oui n'aie pas peur.
En avant, courage, fais ressortir ton cœur.
Ne te laisse pas, mon petit, enfin intimider
Par tous ces grands génies qui pourraient t'écraser.
Tu sais, t'as du talent, regarde, pose tes lunettes,
Redresse fièrement ta toute petite tête.
Apprête-toi au combat et pose ta question
Si les coups sont trop forts, va-t'en à reculons.

MARTIN

Nom de Dieu, cher Bouvard, je vous vois étonné.
C'est la première fois que vous vous taisez.
Mais prends donc ton carton, pose-la ta question.
Et c'est certain que nous y répondrons.
Regardez ces visages anxieux et ces mines altières.
Allez, dresse-toi lentement sur ton petit derrière.

◁ ▷

POUR OU CONTRE L'ÉCOLE LIBRE

MARTIN

Nous sommes ici quatre anciens élèves des écoles chrétiennes : Ménie chez les sœurs, Philippe Castelli chez les oratoriens — ou chez les otaries, je ne sais plus — Olivier de Kersauzon et moi-même qui avons bu le lait tourné de la culture dans l'écuelle des Jésuites.

BOUVARD

Il n'y a que moi qui suis un petit de la laïque.

MARTIN

On voit bien que vous avez été élevé à l'école du Diable.

BOUVARD

Comment c'était chez les bons pères, monsieur de Kersauzon ?

KERSAUZON

Vous savez, c'était comme c'est toujours. C'est-à-dire que nous employons non pas un moule pour tout le monde mais un moule pour chacun, de façon à former des caractères et à donner à ces jeunes gens qui auront à affronter par la suite les difficultés de la vie un regard loyal, une possibilité de réflexion et en plus une éducation religieuse qui leur permettra de ne pas se laisser tenter par les absurdités du sexe et de l'argent.

MARTIN

Je voudrais ajouter, monsieur, que si vous êtes intéressé pour placer votre enfant le trimestre coûte 112 700 francs, cours d'équitation, de broderie et séance de gymnastique en sus.

KERSAUZON

Bien sûr, vous pouvez prendre une assurance spéciale, s'il veut apprendre à piloter les hélicoptères de la maison.

MARTIN

Je vous rappelle également que le trousseau de l'enfant doit être livré en quadruple.

BOUVARD

Pourquoi ?

MARTIN

Comme ça...

KERSAUZON

Nous avons bien sûr des gens de couleur, mais ce ne sont que des enfants de présidents.

MARTIN

Ah ! J'oubliais... N'oubliez pas de le munir d'un bâton à pauvres... Pour les battre.

KERSAUZON

Oui. Chaque dimanche, nous avons une chasse aux pauvres.

MARTIN

Une chasse à courre aux pauvres. Nous lâchons quelques orphelins et les élèves de la division des moyens doivent les rattraper.

KERSAUZON

Certains élèves arrivent à épingler treize ou quatorze pauvres de suite.

MARTIN

Ah oui ! Nous avons eu, si vous vous souvenez, le jeune Defroge de la mairie du Tremble qui a eu dix-sept pauvres.

KERSAUZON

Dix-sept pauvres, oui, mais il avait triché. Il avait deux bâtons... Ce que le règlement, par courtoisie chevaleresque, n'autorise pas.

MARTIN

Oui, et on n'achève pas les blessés !

KERSAUZON

Autrefois, oui, mais maintenant, non. Voyez-vous, nous avons de moins en moins de pauvres. Alors, si on les achève à chaque fois, il n'y en aura plus en fin d'année.

MARTIN

Le pauvre est devenu très rare. *(A Bouvard :)* Enfin, si vous êtes intéressé, présentez-nous votre enfant.

BOUVARD

J'aimerais bien savoir si ce sont des dortoirs ou des chambres particulières ?

MARTIN

Ça dépend si votre enfant... euh !... préfère à plusieurs, nous le mettrons dans le dortoir... Mais si c'est un onaniste distingué... Dans ce cas-là, nous lui laisserons sa cellule. Voilà... au revoir, monsieur.

◁ ▷

DEUX VOCATIONS CONTRARIÉES

MARTIN

Je suis resté quatorze ans chez les jésuites. C'est pour ça que j'ai perdu ma virginité très tard.

BOUVARD

Vous avez été aussi chez les bons pères, monsieur de Kersauzon ?

KERSAUZON

Oui.

BOUVARD

Combien de temps ?

KERSAUZON

Trois ans. Pendant les saisons pleines. J'arrivais à mi-saison, je partais au *break-time.*

BOUVARD

Comment ça s'est passé avec eux ?

KERSAUZON

Très bien. Je leur dois cette culture, ce raffinement...

MARTIN

Et surtout cette méditation, ce sens du silence...

BOUVARD

Vous n'avez pas songé à entrer dans les ordres, monsieur de Kersauzon ?

KERSAUZON

J'ai passé plusieurs mois dans un monastère...

MARTIN

C'est le seul marin qui ait été tenté par une prise de voile.

BOUVARD

Je crois qu'il a changé de cap à la Pierre qui Vire. Vous avez vraiment fait retraite, monsieur de Kersauzon ?

KERSAUZON

Oui, je vous dis, chez les carmes déchaussées.

MARTIN

Et tu n'as pas consulté un dentiste ?

BOUVARD

C'est drôle, je ne vous vois pas dans un carmel.

MARTIN

Mais tous les Bretons ont été élevés par l'Église. Vous savez qu'en Bretagne, quand quelqu'un allait dans une école d'État, on disait : « Il va à l'église du diable. » Ça survivait il y a encore une dizaine d'années. Ah ! ils sont très pratiquants là-bas. N'est-ce pas, l'abbé ? Et puis très ouverts, très bavards. Le Breton est disert.

BOUVARD

Monsieur de Kersauzon ? N'y avait-il pas une chapelle dans le château de votre famille ?

KERSAUZON

Si.

MARTIN

Sinon, où auraient-ils stocké les crêpes en hiver ?

BOUVARD

C'était beau, la chapelle du château ?

KERSAUZON

Il y avait un faux ciel peint dessus, bleu marine avec des étoiles.

MARTIN

C'est là-dessus qu'il a appris à naviguer.

BOUVARD

C'est vrai que, vous, vous avez visité le château des Kersauzon...

MARTIN

J'y suis reçu, moi.

CASTELLI

Ah, mince et moi, tintin ! Pour les vacances, je ne sais pas où aller. C'est où ?

MARTIN

Hou là là ! On n'entre pas comme ça au château des Kersauzon !

KERSAUZON

Tu peux venir au mois de juillet. On chasse le con...

MARTIN

Ah ! c'est agréable.

BOUVARD

Comment ça se passe la chasse aux cons chez vous ?

KERSAUZON

On lâche les chiens dans la lande. On les fait débusquer un Castelli pique-niqueur, par exemple.

BOUVARD

Vous rapportez quelque chose, ensuite, un trophée ?

KERSAUZON

Non, non. Tout pour les chiens !

CASTELLI

De toute manière, je saurai parfaitement à quelle époque tu n'es pas au manoir et j'irai voir la vicomtesse qui a certainement un langage un peu plus châtié.

KERSAUZON

Comme elle s'occupe d'œuvres, elle s'occupera forcément de toi.

BOUVARD

Vous voulez dire qu'elle a ses pauvres et qu'elle n'est plus à un près ?

KERSAUZON

Ça va faire marrer en Bretagne, Castelli...

CASTELLI

J'irai voir ta sœur.

BOUVARD

Vous avez une sœur ?

MARTIN

Oui. Elle bat le beurre, mais le beurre salé.

◁ ▷

ÉDUCATION SEXUELLE

BOUVARD

Monsieur de Kersauzon, vous, vous avez « appris » comment ?

KERSAUZON

Dans un journal.

MARTIN

Lequel ?

JUGNOT

Rustica.

BOUVARD

Dans la rubrique du bricolage ?

JUGNOT

Du système D. Kersauzon, lui, a vu des poulpes. Ça lui a suffi.

BOUVARD

Vous ne voulez pas nous raconter votre premier éveil ? Ce serait intéressant. Ça s'est passé où ?

KERSAUZON

En mer.

BOUVARD

Avec une sirène ?

MARTIN à BOUVARD

Il ne veut pas le dire. Mais, et vous, à quel âge avez-vous connu le premier plaisir sexuel ?

BOUVARD

Eh bien, vers treize ans et demi.

MARTIN

Je ne savais pas que les insectes étaient si précoces.

Vous voyez, les petits enfants : le coléoptère connaît son premier rut à treize ans et demi.

BOUVARD

Ça s'est passé sous la table de la salle à manger. On était sous un grand tapis, alors on avait l'impression de faire du camping.

MARTIN

Et vous, Jugnot, à quel âge avez-vous connu votre premier émoi ?

YANNE

Hier soir, je crois bien.

JUGNOT

Non, mais très tard quand même. Moi, je voulais bien me lâcher, mais personne ne me voulait... Oh, j'en ai beaucoup souffert.

KERSAUZON

Aussi, qui va faire ça avec un jambon ?

BOUVARD

Et vous, monsieur Yanne ?

YANNE

Ça ne m'a laissé aucun souvenir, cette affaire-là.

JUGNOT

C'est sympa pour ma sœur !

YANNE

Ça devait être avec une dame qui faisait ça avec d'autres aussi.

BOUVARD

Ah ! une professionnelle. Vous avez eu droit à un prix ?

YANNE

Je ne voudrais pas rivaliser avec vous en disant que c'était moi aussi vers treize ans et demi, mais enfin... Moi, quand j'étais au collège, on avait le choix le jeudi entre aller au Jardin des plantes et visiter le musée du Louvre, ou stade. Alors... je choisissais le musée du Louvre.

BOUVARD

Pourquoi ?

YANNE

Parce qu'on revenait par la rue Saint-Denis.

BOUVARD

Et vous, monsieur Martin ?

MARTIN

Je n'ose pas le dire.

BOUVARD

Une grande actrice ?

MARTIN

Non, absolument pas. Une copine, elle est mariée.

BOUVARD

Grand-mère ?

MARTIN

Non. Elle est seulement mariée, mais je ne peux pas le dire.

BOUVARD

Et elle, elle s'en rappelle aussi ?

MARTIN

Oh ! elle n'a jamais pu l'oublier.

JUGNOT

Je pense bien. Sept mois d'hôpital...

MARTIN

Non, non, c'est surtout son livret de caisse d'épargne qui...

BOUVARD

Quel âge aviez-vous ?

MARTIN

Treize ans. Mais j'étais déjà très beau, comme aujourd'hui.

BOUVARD

Et elle ?

MARTIN

Soixante-treize, je crois.

◁ ▷

ZITRONE SE FAIT DÉCOURONNER LE GENOU À REIMS

BOUVARD

Question de M. Nikolajeik, de Reims...

ZITRONE

Ah ! ah ! ah !

MARTIN

Quoi, ah ?

ZITRONE

J'étais à Reims, aujourd'hui.

BOUVARD

Eh bien, ils ont de la veine. Ils ne doivent pas s'ennuyer en province, quand vous arrivez.

JUGNOT

Ainsi, vous étiez à Reims ?

ZITRONE

Oui, je voyage beaucoup et je vais loin.

MARTIN

Et vous prenez combien dans ces cas-là ?

ZITRONE

Pour aller à Reims ?

MARTIN

Oui.

ZITRONE

Rien, c'est moi qui paie.

MARTIN

Allons ; vous n'y êtes pas allé pour votre plaisir. Je vous connais.

ZITRONE

Que non, je suis allé chez un médecin qui m'a trituré le genou.

MARTIN

Alors, ça y est, vous pourrez avoir des enfants ! C'est quand même fabuleux que Zitrone soit obligé d'aller chercher un vétérinaire aussi loin, non ? Pourquoi vous vous faites soigner à Reims...

ZITRONE

Parce que.

JUGNOT

Vous vous faites soigner au champagne ?

MARTIN

Comment elle s'appelle ?

ZITRONE

Dr Martin.

MARTIN

Ah ! bien.

BOUVARD

Question de M. Aurofino, de Paris...

JUGNOT

C'est marrant. J'ai été à Paris aujourd'hui.

MARTIN

Vous vous faites soigner ?

JUGNOT

Je me suis fait triturer un peu.

KERSAUZON

T'es allé chez l'aurofinogaringologiste.

BOUVARD

Quelle surprise eut le président Gaston Doumergue durant son septennat ?

JUGNOT

Il a eu une maladie honteuse ?

MARTIN

Ah ! je sais, il allait se faire soigner à Reims chez le Dr Virilitas, dont le slogan est « Retrouvez vos vingt ans ».

ZITRONE

Mais ça n'a rien à voir avec ce que, moi, je fais à Reims.

MARTIN

Justement, qu'est-ce que vous y faites ?

ZITRONE

Mais ça ne vous regarde pas.

MARTIN

Mais si !

ZITRONE

Mais non !

MARTIN

On dit tout à son vieux docteur. Je le connais depuis l'âge de cinq ans. Il a fait pipi au lit jusqu'à douze ans. Puis il nous a fait de l'entérite, c'était pendant la guerre. Tu ne vas pas cacher tes maladies, Léon, je t'en prie. Tu peux tout dire au docteur.

KERSAUZON

A Reims, vous vous faites greffer un magnum ?

BOUVARD

Ils sont vraiment débiles, hein, monsieur Zitrone ?

Mais revenons-en à la surprise du président Doumergue.

C'est la première fois et la dernière que ça arrivait à un chef d'État.

KERSAUZON

Ah ! il a réussi à pondre un œuf ?

ZITRONE

Est-ce que ça tient à sa vie privée ?

BOUVARD

Oui.

JUGNOT

Il a les cheveux qui ont repoussé un matin ? Ses oreilles se sont recollées ?

BOUVARD

Non, ce n'est pas un détail physique.

ZITRONE

Ça le concerne en tant qu'homme ou chef d'État ?

BOUVARD

En tant qu'homme. Le chef d'État n'est pour rien là-dedans.

JUGNOT

Ah ! oui, il est devenu intelligent !

MARTIN

Il a retrouvé son papa et sa maman. Il les avait perdus. Alors, il a téléphoné à Ménie Grégoire.

BOUVARD

M. Aurofino a gagné 500 francs et notre considération.

Quant au président Doumergue, il avait gagné le gros lot à la Loterie nationale !

◁ ▷

POUR UNE VRAIE CULTURE

MARTIN

Il faut bien le dire. Depuis le 10 mai, la radio, la télévision se doivent de changer. Nous nous devons d'apporter la culture aux auditeurs et aux téléspectateurs.

Moi, je prépare toute une série d'émissions pour le soir à 20 heures : « Kierkergaard mon ami. » Ils vont se marrer.

KERSAUZON

J'ai un sujet de sept heures, moi.

MARTIN

Oui, lequel ?

KERSAUZON

L'argotique dans le bas Vexin. C'est vachement intéressant !

JUGNOT

Moi, j'ai tout un sujet sur les magouilles qu'il y a dans la philatélie.

MARTIN

Non, non, non. Mais là, c'est très vulgaire, tu comprends !

Non, non. Il faut des sujets qui intéressent tout le monde. Moi, je tiens à annoncer la suppression totale des films. A la place, une émission que j'ai réussi à placer : « Kierkergaard, mon ami », qui sera suivie par : « A la recherche de Nietzsche », qui va être très, très amusante aussi.

BOUVARD

Vous le cherchez mais vous ne le trouvez pas ?

MARTIN

Ah, non, forcément. En vingt-sept émissions seulement, vous pensez bien que ce n'est pas possible.

KERSAUZON

L'émission commence au service des objets perdus, rue des Morillons : « A la recherche de Nietzsche. » Mais, il y a tous les philosophes suédois qui sont aussi très intéressants.

MARTIN à YANNE

Jean pourrait peut-être faire cette citation...

YANNE

Ah, non ! Moi, j'm'en fous. Ça ne m'intéresse pas.

JUGNOT

La culture, tu t'en fous ?

YANNE

Complètement. J'ai eu aimé ça, mais alors maintenant...

MARTIN

Pourquoi tu as arrêté au certificat ? Après, il y a plein de choses à apprendre... Je peux te poser une question indiscrète, Jean ? 7 fois 8 ?

Est-ce que je pourrais dire du mal de Sainte-Beuve ? C'est un des personnages les plus répugnants de la littérature.

BOUVARD

Ah oui, et avec Victor Hugo il a été horrible.

MARTIN

C'est un personnage dégueulasse. Pour cocufier le brave Victor Hugo, il fallait être immonde.

BOUVARD

Il faut dire que Victor était très occupé par ailleurs.

MARTIN

C'était un grand imbécile, Victor Hugo, parce qu'il a eu le bonheur de tomber sur une femme qui l'a aimé comme nulle autre femme n'était capable d'aimer un homme. Je viens d'acheter une lettre de Juliette Drouet et vraiment... Écrire ça à un homme... Elles ne sont que deux à...

BOUVARD

Vous n'avez pas honte de lire des lettres qui ne vous sont pas adressées !

DRUCKER

Elles ne sont que deux ? Quelle est l'autre ?

MARTIN

Dalida. Dans un genre différent.

CASTELLI

Il en veut à Dalida.

MARTIN

Il me semble qu'après *les Misérables*, c'est *Gigi l'amoroso* qui est l'œuvre la plus importante. Car il y a là toute la saga de ce petit Italien qui va tenter la fortune aux États-Unis, qui revient... Il y a là une chanson d'un souffle ! Et quel interprète ?! Cette magicienne...

BOUVARD

Quand elle dit « c'est la miche qui l'a sorti du pétrin », c'est splendide !

MARTIN

Surtout ce passage déchirant où elle dit « eh bien, Gigi, ne te cache pas ».

KERSAUZON

Elle en a ouvert des baguettes !

DRUCKER

Tu connais tout le répertoire de Dalida ?

MARTIN

Tu sais, c'était ça ou aller à la messe...

◁ ▷

LE PATRIOTISME CHEZ LES ANIMAUX

BOUVARD

Pourquoi le singe Sercopitèque est-il appelé 14 juillet par les sexologues ?

MARTIN

Parce qu'il a un sexe tricolore !

BOUVARD

Oui. Excellente réponse de J. Martin. C'est fabuleux. Il a les testicules bleus, la verge blanche et le gland rouge.

YANNE

C'est surtout fabuleux sur les aéroports quand on reçoit un chef d'État. Imaginez une haie de singes comme ça : « Présentez, sexe ! »

MARTIN

Je vous remercie de m'accouillir en France.

JUGNOT

Oui, mais il faut qu'il soit en érection, sinon, c'est le drapeau suisse.

YANNE

Finalement, le président de la République, au lieu d'avoir des gorilles, il ferait mieux d'avoir des petits sercopitèques.

MARTIN

C'est vrai que ce serait joli ça quand même, une haie de testicules tricolores... La gueule que ça aurait... J'imagine la tête de Margaret Thatcher.

YANNE

Surtout que, Margaret, elle ne pourrait pas en avoir de rayés, elle serait jalouse.

MARTIN

Et les Américains, malades !...

YANNE

Reagan dirait : « Mais alors, où sont les étoiles, les rayures ?... » Non, c'est seulement bleu, blanc, rouge. Seule, la France a pu faire ça.

BOUVARD

Et admettez que vous mettiez un singe au fronton de chaque monument public.

YANNE

Quel panar !

MARTIN

Magnifique ! Et, à la télé, à côté des speakerines, ça ferait pas joli ?

JUGNOT

Mais oui, mais s'il y a un décès, comment veux-tu mettre ça en berne ? C'est un problème. Les pauvres singes ! Non, vous êtes inhumains.

YANNE

J'imagine Denise Fabre avec un petit singe de chaque côté...

◁ ▷

MIEUX QU'AVEC CRISTOPHE COLOMB DÉCOUVREZ L'AMÉRIQUE

BOUVARD

De M. Bellefond, de Palaiseau, qui a dit : « Il y a des

Les galas itinérants : une affiche qu'aucun directeur de zoo n'avait pu composer.

Cette année là miss France découvrit les spermatozoïdes grâce à Gérard Jugnot et à Jacques Martin.

Jean Lefebvre est l'inventeur du fameux "est-ce que c'est sexuel?".

S'il existait un Salon de l'Autodidacte il faudrait y exposer Jacques Balutin à la place d'honneur.

En 1982 Yanne et Martin reprirent un dialogue interrompu depuis dix ans.

Sim est capable de tricoter un sketch, une brassière et une chanson.

Stéphane Collaro au micro, c'est Zitrone tout craché.

Bouvard et Kersauzon sont les meilleurs amis du monde. A condition que le premier ne parle au second ni de ses bateaux, ni de ses ancêtres.

La "millième" qui eut lieu au théâtre des variétés rassembla trente têtes d'affiche.

RTL

L'enterrement de Castelli est le moment le plus émouvant d'un show qui ne ressemble à aucun autre spectacle connu sur la planète.

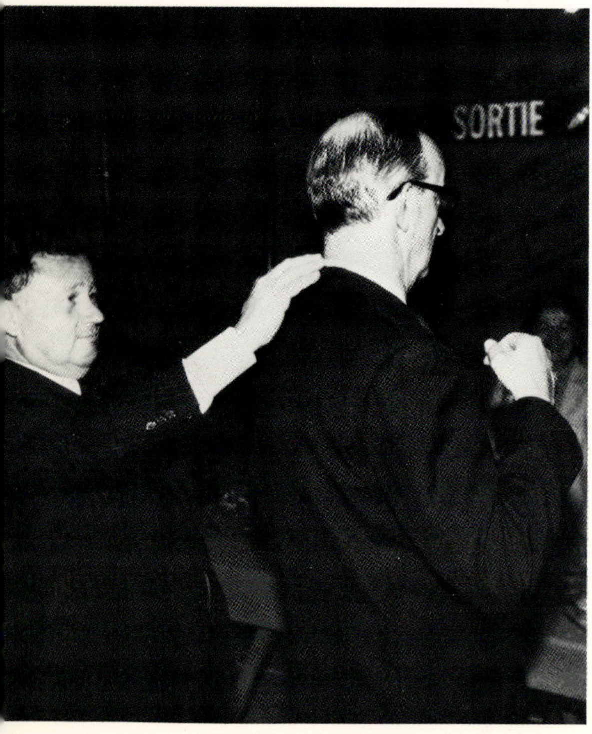

Effet d'optique :
Bouvard n'a jamais poussé Castelli vers la sortie.

Ministre des Universités en exercice, Alice Saunié Séité vint prêter main forte à Jean Dutourd, à Sim, à Daniel Cecaldi et à Philippe Bouvard ébloui (il n'a jamais pu décrocher son bachot).

Ce jour-là grâce à Jean Dutourd, Edgard Faure, Maurice Rheims et Jean d'Ormesson l'Académie Française avait délégué rue Bayard le dixième de ses effectifs.

Bouvard, Castelli, Martin et Kersauzon sont sortis de Polytechnique le jour même où ils avaient été admis.

hommes qui sont amoureux d'une fossette et qui font l'erreur d'épouser la fille tout entière. »

JUGNOT

Si c'est Farrah, je m'excuse, mais, moi, j'achète. Farrah Fawcet...

MARTIN

Si c'est Brigitte, j'épouse. Brigitte Fossey.

BOUVARD

Ah, elle est mignonne !

MARTIN

Ah, oui, mais Farrah n'est pas mal... Et, en plus, elle est bête, alors, c'est excitant, parce que faire l'amour avec une idiote ça double le plaisir, parce qu'elle n'arrête pas de dire : « Qu'est-ce que vous me faites, qu'est-ce que vous me faites... » Et, là, je pense : « Devine, idiote. »

BOUVARD

Y'en a vraiment qui ne savent pas ?

MARTIN

Oui, les Américaines.

BOUVARD

Vous qui vivez aux États-Unis, monsieur Yanne, êtes-vous déjà tombé sur ce genre de femmes ?

YANNE

Comment ?

BOUVARD

Des dames qui ne savent pas ce que vous leur faites ?

YANNE

Mais pas du tout. Moi, je préviens, j'explique.

BOUVARD

Vous leur donnez le prospectus d'abord ?

YANNE

Mais oui, le mode d'emploi. Je ne suis pas un macho. Je laisse les femmes prendre l'initiative. Je ne leur fais rien. Elles me font tout. Je n'ai qu'à leur dire : « Vas-y, ma petite fille, vas-y, montre-moi ta supériorité. Je t'abandonne mon corps, alors, vas-y. Bricole... » C'est vraiment une preuve que je considère les femmes comme nos égales, et j'aimerais beaucoup qu'elles nous draguent dans la rue.

BOUVARD

Ah, oui !

YANNE

Qu'elles nous disent : « On peut vous offrir un verre », etc. On irait, nous... T'irais pas, toi ?

KERSAUZON

Oh, oui, tout de suite, moi.

BOUVARD

Vous n'avez jamais été dragué dans la rue ?

YANNE

Non.

BOUVARD

Il y a pourtant des quartiers où...

JUGNOT

« Tu viens, chéri ! »

YANNE

Oui, je sais bien.

BOUVARD

Elles vous tutoient tout de suite quand vous leur plaisez.

YANNE

Moi, je parlais de la Vraie drague.

JUGNOT

Si ça signifie draguer comme nous, les hommes, on drague ? Pardon, je m'excuse, on entendrait : « T'as vu le mec, la paire de c... qu'il a... » On serait mal, on ne saurait pas où se foutre. Personnellement, je trouve ça ignoble, la drague.

MARTIN

On se retournerait, on dirait : « Écoutez, laissez-moi ou j'appelle un agent. » J'aimerais bien au moins une fois par an, dans l'autobus, par exemple, dire : « Assez, la main dans ma poche ! »

YANNE

Dans ma prime jeunesse, j'ai pris le métro pendant très longtemps et je n'ai jamais vu une bonne femme ouvrir son « lardos » pour me montrer... son truc. Jamais. Et pourtant, j'aurais aimé... Si elles veulent vraiment être nos égales, il faudrait qu'elles y mettent un peu du leur.

JUGNOT

Mais elles le font.

MARTIN

Non !

JUGNOT

Mais ce sont les moches. C'est comme pour les hommes. T'as vu la gueule des mecs qui draguent. Ce sont les pires. Les gens beaux ne draguent pas. Moi, je n'ai jamais dragué.

MARTIN

Non, c'est vrai. Jamais. Avec toi, les femmes tombent comme des mouches. A cause de l'odeur.

◁ ▷

A CHACUN SON PAQUET

BOUVARD

Bonjour, vous êtes aujourd'hui dans le carré des officiers puisque dans la même pièce j'ai pu réunir un lieutenant de vaisseau : Olivier de Kersauzon ; un lieutenant de vessie : Philippe Castelli ; un commandant de repérage par le son : Paul Guth ; et un général qui tous les dimanches gagne la bataille de Wagram, à l'Empire, comme il se doit : Jacques Martin. Que faites-vous, monsieur Castelli ?

MARTIN

Il bouffe, il bouffe.

P. GUTH

Mais avec quelle branche !

BOUVARD

C'est vrai qu'il a de la branche. Il est un peu déplumé vers le sommet, mais au-dessous il y a de la branche.

MARTIN

Et si vous regardez le nez, il y a même du bourgeon.

CASTELLI

Oh ! ça, c'est pas vrai, alors...

MARTIN

Où en es-tu, toi, sexuellement, en ce moment ?

CASTELLI

Et toi ?

MARTIN

Moi, à mort, formidable.

CASTELLI

Elles t'ont rasé ?

BOUVARD

A force de distribuer des mèches de cheveux à ses admiratrices, il en a de moins en moins sur le crâne. Prenez exemple sur M. de Kersauzon qui garde tout pour lui.

MARTIN

Mais si Kersauzon faisait sa toilette, où pourraient se mettre les bêtes ? Il fait partie de la S.P.A.

P. GUTH

Il faut que tout le monde vive.

MARTIN

Bien exactement.

BOUVARD

Je veux dire qu'un médecin n'a pas de mal à vous prendre « le pou » dans l'état où vous êtes.

KERSAUZON

Vous, il vous emmène, vu votre taille...

MARTIN

Ah ! c'est agréable.

BOUVARD

Les difformités des uns et des autres continuent à défrayer la chronique. Je le déplore.

MARTIN

Je trouve quasiment malhonnête de s'en prendre au physique des gens. Mais qu'on se moque, par exemple, d'une chemise comme la vôtre, voilà qui est compréhensible...

◁ ▷

BOUVARD

Qu'est-ce que vous faites contre le mal de mer quand vous embarquez, cher vicomte ?

KERSAUZON

Je n'ai pas le mal de mer en mer, mais, ici, je me cramponne à la table. Surtout quand vous agitez le débris... Le fumet vient jusqu'ici. Il se prend pour une plaquette Vapona, il s'agite toute la journée. Pas étonnant qu'il n'y ait plus une mouche dans le studio !

BOUVARD

On a envie, monsieur Castelli, de vous accrocher au plafond.

CASTELLI

Vous répondre serait vraiment vous faire trop d'honneur.

KERSAUZON

Il a été testeur chez Air-Week. C'est le seul avion qu'il ait pris.

CASTELLI

Qu'est-ce qu'il a dit ?

MARTIN

Que tu voyageais par Air Week.

CASTELLI

On entend rien parce que avec sa bouche en chemin d'œuf...

◁ ▷

MARTIN

Des guerres, nous, on en a régulièrement. C'est normal, il faut que l'on écoule le matériel de celle d'avant. On a fait la guerre de 39 avec le matériel de 14 et celle de 14 avec celui de 70. On va repartir avec des lance-pierres contre des missiles.

BOUVARD

Il y a encore des fusils Lebel ?

MARTIN

Oh, oui, c'est formidable. A chaque balle, on prend la douille dans l'épaule.

YANNE

Il doit même y avoir des godillots de la guerre de 14.

BOUVARD

Regardez M. de Kersauzon, il en est encore à la marine à voile !

◁ ▷

BOUVARD

Et voici une question belge à 100 %.

JUGNOT

Eh oui, il en faut !

BOUVARD

En Belgique, à quelle condition les femmes peuvent-elles porter le monokini sans qu'il y ait atteinte aux bonnes mœurs.

MARTIN

Qu'est-ce que c'est qu'un monokini ?

ZITRONE

C'est un truc qui empêche de voir le machin.

JUGNOT

C'est un slip d'homme pour femme.

ZITRONE

La condition, c'est qu'elle soit chez elle et qu'on ne puisse pas la voir.

BOUVARD

Cela se passe dehors, en présence de témoins qui n'appartiennent pas à leur famille.

MARTIN

Ah oui, à condition que le duvet superflu ne sorte pas par les manches.

BOUVARD

Résumons. Voilà donc une dame belge avec un monokini. Le législateur belge, dans son infinie sagesse, a stipulé qu'elle pouvait ne pas avoir de haut de maillot à condition que...

MARTIN

Je sais ! A condition qu'elle puisse coincer la pointe de ses seins dans sa culotte. Surtout si c'est une grosse avec les seins qui tombent.

BOUVARD

Pauvre Léon, vous faire entendre ça au soir de votre vie !

ZITRONE

Comment, le soir de ma vie ?

MARTIN

J'aimerais bien voir Zitrone en monokini.

ZITRONE

Vous pouvez deux fois par semaine.

JUGNOT

Hou là là !

MARTIN

Où ?

ZITRONE

A Reims.

JUGNOT

Parce que vous vous faites soigner les seins à Reims ?

ZITRONE

Je me fais soigner à Reims.

JUGNOT

Ah, oui, pour devenir transsexuel...

KERSAUZON

Reims, c'est moins loin que le Brésil.

BOUVARD

La réponse était : Que la porteuse de monokini reste immobile et ne se déplace pas les seins nus.

◁ ▷

INCONTINENCES...

BOUVARD

Pour réveiller M. de Kersauzon, je vais poser une question qui ne concerne que lui. Les autres sont priés de ne pas répondre.

JUGNOT

Je vais peut-être aller aux toilettes. J'ai une très petite vessie. Alors, je bois de l'eau...

BOUVARD

C'est curieux qu'en ayant une aussi grosse tête vous ayez une aussi petite vessie. Je suis sûr que si vous aviez la vessie dans le crâne, vous pourriez attendre plus longtemps.

JUGNOT

Écoutez le bruit que fait ma tête quand je la bouge.
(Il agite une bouteille d'eau.)

BOUVARD

L'envie d'uriner vous prend tous les combien ?

JUGNOT

Écoutez, docteur...

BOUVARD

La nuit, par exemple, vous vous levez souvent ?

MARTIN

Non. Pour quoi faire ? Une fois que c'est mouillé...

◁ ▷

BOUVARD

Question de Mme Raison Roy d'Orchamps, dans le Jura : « Quelle est la supériorité sur laquelle le Coran et la Bible sont d'accord ? »

KERSAUZON

L'homme sur la femme.

BOUVARD

Excellente réponse d'Olivier de Kersauzon, alors qu'aucune « Grosse Tête » n'avait encore compris la question. Vous partagez cet avis, monsieur Yanne ?

YANNE

Non.
(Les femmes dans le public applaudissent.)

BOUVARD

C'est nouveau, dites donc, ça.

YANNE

Je trouve que pour faire la vaisselle la femme est meilleure !

BOUVARD

Et vous, monsieur de Kersauzon, quelle est votre position par rapport à la femme ?

MARTIN

40° latitude nord, 57° latitude ouest.

BOUVARD

Vous pensez aussi que la femme est faite pour la vaisselle ?

KERSAUZON

Elle peut faire les courses aussi.

◁ ▷

BOUVARD

De M. Rémy, de Dinan en Belgique : Pourquoi les parachutistes parlent-ils du « bloom » périphérique ?

JUGNOT

Parce qu'il est souvent embouteillé ?

YANNE

C'est pas un vent ?

BOUVARD

Dans la conversation des parachutistes, c'est une locution qui revient assez souvent.

YANNE

Moi, j'ai jamais fréquenté beaucoup de paras, alors...

MARTIN

C'est le petit parachute qui permet d'ouvrir le grand.

BOUVARD

Non.

MARTIN

Ça n'est pas le petit cercle dans lequel ils doivent se poser ?

BOUVARD

Non.

YANNE

Ça n'est pas la dentelle qu'ils mettent autour du parachute pour faire joli ?

BOUVARD

Ah ! ils mettent de la dentelle !

YANNE

Les parachutistes de Bruges, ils mettent de la dentelle pour que ça juponne un peu. Il y a des mecs vicieux qui regardent sous le parachute...

MARTIN

C'est comme ça que l'on voit le sexe des anges.

JUGNOT

Serait-ce quand, par exemple, l'un de leurs camarades n'a pas ouvert son parachute et qu'il s'écrase sur le périphérique ? Ça fait « bloom ».

BOUVARD

Bonne réponse de G. Jugnot. C'est quand le parachute ne s'ouvre pas ! Ça vous en bouche un coin, non ?

MARTIN

Et au parachutiste, alors ?

JUGNOT

Le premier arrivé en bas paie l'apéro...

◁ ▷

BOUVARD

Qu'appelle-t-on la bonne main en Suisse.

MARTIN

L'autre. La Croix-Rouge ?

BOUVARD

Non.

YANNE

C'est un truc charitable ? C'est gentil ?

BOUVARD

Oui. C'est pour faire plaisir.

YANNE

C'est pour faire plaisir ou pour faire du bien ? C'est pas la même chose.

BOUVARD

Quelle différence vous faites ?

YANNE

Faire plaisir, ça peut être des gâteries, des bonbons.

JUGNOT

Du bien, c'est de l'argent.

YANNE

Non, du bien, c'est plutôt sur le corps que ça agit... c'est confortable.

JUGNOT

Ah, tu dirais ça, toi ?

YANNE

Oui. Faire plaisir avec une bonne main, ça n'a pas le même sens que faire du bien avec une bonne main. Par exemple, une dame qui dit à un clochard : « Est-ce que vous me permettez de faire le bien », ça lui fait moins plaisir que si elle dit : « Je voudrais vous faire du bien. »

MARTIN

Dans les deux cas, elle fait l'aumône. Donc, c'est une histoire de bourse.

◁ ▷

CASTELLI

Kersauzon... quand il manœuvre mal, il percute le continent et par orgueil il dit : « J'ai fait une escale ! »

MARTIN à BOUVARD

Pourquoi, criez-vous comme ça ?

ZITRONE

Parce qu'il ne peut hausser que la voix.

MARTIN

La parole est à Philippe Bouvard, 1,06 mètre. Réglez vos postes. Je ne sais pas s'ils ont les petites ondes. L'idéal serait d'ouvrir une radio clandestine avec Bouvard. Comment voulez-vous qu'on nous trouve ? Tandis qu'avec Zitrone ! Il n'est pas facile à planquer ! Tu te rends compte, s'il avait fallu parachuter ça pendant la guerre. *(A Zitrone :)* Vous n'avez jamais fait de parachute ?

ZITRONE

Non.

MARTIN

L'avion doit reprendre automatiquement de l'altitude quand vous êtes tombé.

◁ ▷

CASTELLI

Arrête de te triturer les oreilles !

KERSAUZON

S'il fallait triturer les tiennes, il faudrait ouvrir un chantier.

CASTELLI

Tu as, toi, la bouche en chemin d'œuf ! On a toujours l'impression que tu vas cracher un noyau d'olive quand tu vas parler.

KERSAUZON

Quand tu fumes, ton nez ressemble à une hotte aspirante.

BOUVARD à JUGNOT

Ah ! si vous aviez voulu faire carrière dans la pub...

JUGNOT

Oui, mais je n'ai pas voulu...

BOUVARD

Vous vous êtes arrêté après pétrole Hann.

CASTELLI

Moi, je ne pourrais jamais rester sur un bateau.

BOUVARD

Il a pourtant une bonne tête de mât.

◁ ▷

THIERRY LE LURON à PHILIPPE BOUVARD

Pourquoi mettez-vous toujours des chemises roses comme ça ?

MARTIN

C'est pas des chemises roses, regarde bien ce que c'est... C'est de la toile de planeur. Il est à côté d'un aérodrome. Il récupère les vieux machins.

KERSAUZON

Sortez votre train qu'on voie comment vous atterrissez.

MARTIN

Mais attends, il faudrait d'abord mettre l'élastique.

KERSAUZON

Vous êtes quand même un des rares qui arrivent à faire du rase-mottes dans le bois.

◁ ▷

BOUVARD

Voilà une question qui s'adresse en priorité à Valérie Mairesse.

MAIRESSE

C'est pour moi ? Je dois la prendre pour moi.

BOUVARD

Oui. M. Perrin, de Saint-Dié, pense que vous devez avoir plus d'informations sur ce sujet que les autres. Qu'est-ce qui est rond, a une vingtaine de centimètres de long, qui a une boule au bout, qui a une goutte au bout et qui fait plier le jarret des femmes lorsque les hommes s'en servent ?

CASTELLI

Le goupillon.

BOUVARD

Très bonne réponse de Philippe Castelli.

MAIRESSE

Qu'est-ce que c'est que ça, le goupillon ? Jacques, tu me montreras ?

MARTIN

Non, ce n'est pas ce que tu penses. C'est le truc des curés, on se le passe de main en main.

◁ ▷

V

Des types à histoires...

LES CASTELLINADES

Sous ce néologisme personnalisé se dissimule les meilleures histoires de Philippe Castelli qui sont souvent les moins bonnes. Mais pourquoi bouderait-on son plaisir, puisque l'affligeante débilité suscite plus sûrement le délire que l'authentique humour ?

Pour apprécier pleinement les antiperformances de raconteur de Castelli, il faut connaître le fonctionnement de sa petite industrie. Castelli trouve ses histoires pour un tiers dans le ruisseau de la rue Notre-Dame-de-Lorette où il habite, pour un tiers dans le courrier des lecteurs complaisants et pour le restant dans des publications vaguement licencieuses datant du début du siècle.

Avant de raconter au micro une histoire, il me la soumet. Cinq fois sur dix je déchire le texte proposé en arguant qu'il l'a déjà raconté la veille, ou que c'est encore beaucoup trop osé pour une radio, fût-elle aussi moderne et affranchie que R.T.L.

Castelli, qui n'a aucune mémoire (il ne connaît par cœur que deux histoires qu'il égrène chaque fois qu'on lui subtilise ses papiers), ânonne les textes qu'il a soigneusement recopiés, non sans avoir pris la précaution d'établir une série de duplicatas qui lui permettront de me reproposer périodiquement la même chose.

Son élocution embarrassée et ses mimiques dégoûtées donnent leur vrai comique à des calembredaines qui sont souvent d'une autre époque.

Ne se trouve-t-il pas personnellement un peu égaré dans ce siècle de chiffres et de techniques, lui qui, en privé, lit les poètes et court les musées ?

HISTOIRES DE CASTELLI

— Ma chérie, c'est un miracle, quand je vais aux toilettes, la lumière s'allume toute seule et quand je sors elle se referme encore toute seule !

— Mon chéri, ce n'est pas un miracle, tu as encore fait pipi dans le frigo !

◁ ▷

Un missionnaire était arrivé dans une région très sauvage de l'Afrique pour prêcher l'évangile. Le matin, il n'était pas cru et le soir il était cuit.

◁ ▷

C'est un gars en superforme, style Tarzan, qui arrive chez le docteur. Le médecin l'examine et lui dit : « Écoutez, vous n'avez rien. »

— Mais, docteur...

— Vous êtes solide comme un chêne.

— Justement, docteur, c'est pour le gland !

◁ ▷

C'est un type qui dit:

— Demain, je vais à un bal masqué. Je voudrais me déguiser en Adam. Auriez-vous une feuille de vigne ?

— Bien sûr, dit la vendeuse. En voici une.

Le client se met à rire.

— Si vous croyez que je vais me cacher avec ça... J'en veux une plus grande. Alors, la vendeuse apporte le modèle au-dessus... C'est encore trop petit. Elle lui propose une feuille de vigne gigantesque. Le client n'est toujours pas content. La vendeuse s'énerve.

— Écoutez, si vous êtes vraiment bâti comme vous voulez le faire croire, je vais vous donner un bon conseil: laissez tomber Adam, passez-vous votre machin autour du cou et déguisez-vous en pompe à essence !

◁ ▷

C'est une dame qui est très laide. Un jour, elle se promène dans la campagne avec son mari et elle lui dit:

— C'est fou ce que j'aime la nature.

Et son mari lui répond:

— T'es vraiment pas rancunière.

◁ ▷

C'est un manchot qui demande la charité à la sortie d'une église. Une vieille fille lui dit:

— Mais, je vous reconnais, vous, la semaine dernière, vous étiez aveugle et aujourd'hui vous êtes manchot !

— Eh oui, mademoiselle, que voulez-vous, j'ai retrouvé la vue, mais ça m'a fait un tel choc que les bras m'en sont tombés.

◁ ▷

Dans un train, une famille nombreuse occupe tous les sièges du compartiment. Un vieil homme arrive et il espère qu'un des enfants se lèvera. Rien ne se produit. Il est très irrité, et il se met à frapper le plancher du wagon avec sa canne. Ça fait un bruit désagréable et le père de famille lui dit:

— Vous devriez mettre un embout de caoutchouc au bout de votre canne, elle ferait moins de bruit!

Le vieillard lui répond:

— Monsieur, si vous aviez mis un caoutchouc au bout de la vôtre, aujourd'hui je serais assis.

◁ ▷

C'est un condamné à mort qui va être guillotiné. Une fois sur l'échafaud, il se penche vers le bourreau et lui murmure quelques mots à l'oreille. Alors, le bourreau se fâche:

— Ah non! Il fallait prendre vos précautions avant!

◁ ▷

Deux paysans qui se rencontrent:

— Salut, Joseph! Pourrais-tu me donner un coup de main pour rentrer mes foins cet après-midi?

— Ben, non. Je ne peux pas. C't'après-midi, je mène la chèvre au bouc.

— Et demain, tu pourrais pas, p't'être?

— Demain, pas possible non plus, j'mène la vache au taureau!

— Et après-demain?

— Non plus! J'emmène ma femme au Mammouth.

◁ ▷

C'est un petit garçon qui dit à sa mère:

— Je sais où je suis né. Dans un œuf!...

— Ah, bien! Et qui te l'a dit?

— La concierge. En me voyant tout à l'heure, elle a dit: « Tiens, voilà le fils de la poule du troisième. »

◁ ▷

Une dame entend sonner à la porte. Elle va ouvrir: c'est un représentant de commerce.

— Bonjour, madame, voulez-vous des Hoover électriques?

La dame le traite de malotru et le flanque à la porte, et puis elle téléphone à sa sœur:

— Amélie, tu ne sais pas ce qu'ils ont encore inventé! Il y a un homme qui est venu me proposer des ovaires électriques.

Sa sœur lui répond:

— Ça ne m'étonne pas!... Avec leurs inventions modernes. C'est comme à moi! Hier, ils sont venus me proposer des bitagaz...

◁ ▷

C'est un jeune homme qui est très galant. Un jour il va voir sa petite amie et il lui apporte une douzaine de roses rouges. Elle est tellement émue qu'elle se déshabille aussitôt et elle se couche sur le lit. Et puis elle s'étire voluptueusement et elle lui dit:

— Ça, mon chéri, c'est pour les fleurs!...

Et le jeune homme, un peu embarrassé, lui répond:

— Oh, tu sais, je pense qu'on peut trouver un vase!...

◁ ▷

Ils ont fait l'amour pendant trois heures. Soudain, c'est la catastrophe: une clé tourne dans la serrure... La porte s'ouvre... La femme s'écrie:

— Ciel !... C'est mon mari !

Et puis elle se tourne vers son amant et elle lui dit:

— C'est le moment de prouver que tu es un homme !...

Et l'amant s'écrie, affolé:

— Comment ? A lui aussi !...

◁ ▷

C'est une dame du meilleur monde qui a épousé un roturier. Mais elle lui a bien fait comprendre qu'elle ne voulait pas d'enfants. Le soir de la nuit de noces, le gars prend la précaution de se munir d'un de ces petits dispositifs en baudruche dont les Français attribuent la paternité aux Anglais. Alors la jeune femme proteste en voyant son mari muni de cet équipement:

— Oh ! Alfred, ce que vous pouvez faire Prisunic avec vos articles sous cellophane !...

◁ ▷

C'est une dame qui écrit à son médecin: « Docteur, il faut que vous m'aidiez. L'amour physique me devient insupportable. Mon mari me veut tout le temps ! Et pas seulement le soir ou le matin ! Il me veut sans arrêt. Il est perpétuellement derrière moi ; pendant que je fais la cuisine, le ménage, ma toilette, etc. Que dois-je faire ? »

P.-S.: Excusez mon écriture saccadée !

◁ ▷

Dans une classe, l'institutrice commence son premier cours d'éducation sexuelle :

— Aujourd'hui nous allons parler des insectes.

Alors il y a un des élèves qui demande:

— S'il vous plaît, est-ce que ceux qui ont déjà baisé une fille peuvent aller faire un tour dans la cour ?

◁ ▷

Depuis plusieurs semaines un chasseur déambule dans le désert avec son chameau. Et puis un jour il ne peut plus se retenir. Il décide de faire l'amour avec l'animal.

Il s'installe derrière la bête, il monte sur une butte de sable et il commence à manœuvrer... Mais le chameau remue sans arrêt et le pauvre gars n'y arrive pas. Tout à coup, il aperçoit une jolie fille nue poursuivie par un lion. Il tue le lion. La fille, reconnaissante, s'approche de lui :

— Oh, merci, monsieur !... Vous pouvez me demander tout ce que vous voulez !

Alors le gars lui répond:

— Vous ne pourriez pas tenir le chameau ?

◁ ▷

C'est le directeur d'une grande entreprise qui demande à son employé de réserver un billet d'avion. L'employé revient au bout d'un moment et dit à son patron:

— Monsieur, à Air France, ils m'ont répondu que c'était complet. A Air Inter, complet également. A Air Liquide, ils m'ont répondu que j'étais un con.

◁ ▷

C'est un fakir extraordinaire qui a un don d'hypnotisme absolu. Un jour, il donne un spectacle dans un grand music-hall. Il lève les bras et dit au public:

— Dormez... Et toute la salle dort.

Il ordonne:

— Réveillez-vous... Et toute la salle se réveille.

— Riez... Et tous les gens se mettent à rire.

Un soir, il trébuche, il s'étale et dit: « Merde! »

Il a fallu une semaine pour nettoyer la salle.

◁ ▷

C'est un New- Yorkais qui va chez le psychiatre:

— Docteur, mon frère est dingue. Il se prend pour une poule!

— Faites-le interner.

— Je ne peux pas, docteur. J'ai besoin des œufs!

◁ ▷

C'est une brave paysanne qui est tombée au fond de son puits et elle pousse des cris de détresse.

Ses voisins se rassemblent autour du puits et chacun donne son avis pour essayer de la sortir de là. Finalement un secouriste a une idée de génie. Il crie à la pauvre femme:

— On va vous jeter une bouteille de cognac, ça vous remontera!...

◁ ▷

Ce sont deux Corses qui bavardent. Le premier dit à l'autre:

— Ce que tu peux être paresseux! Tu dors toute la journée! Comment veux-tu gagner de l'argent? Si, au moins, tu fondais une famille, tu aurais des enfants et tu pourrais les faire travailler à ta place...

L'autre lui répond:

— C'est une excellente idée! Mais sais-tu où je pourrais trouver une femme enceinte?

◁ ▷

Un jeune étudiant un peu timide accoste une prostituée:

— Je n'ai que 10 francs! Mais si tu veux, en plus, je peux te donner une paire de tennis toutes neuves!

La fille lui dit:

— Bon, allez, c'est d'accord. Mais je te préviens, je ne bougerai pas...

Ils montent dans la chambre. Ils se mettent tout nus. Le garçon est débordant de passion. Et de maladresse aussi. Et, tout à coup — ô bonheur —, il lui semble que la fille a bougé. Alors, il est fou de joie. Il s'écrie:

— Tu as bougé! Tu vois... Tu m'aimes!

Alors, la fille lui répond:

— Mais non! J'essaie les tennis...

◁ ▷

La petite Brigitte vit avec son temps. Elle porte des minijupes et elle va se trémousser tous les soirs avec des mecs. Alors sa mère est un peu inquiète et un soir, au moment où la fille s'apprête à sortir, elle la tâte un peu partout et elle se met à crier:

— Brigitte ! Mais tu es folle ! Tu n'as pas de soutien-gorge, tu n'as pas de slip. Tu ne vas pas sortir comme ça !...

Alors la fille répond:

— Ah ! la la ! Tu ne vas pas en faire une histoire ! Quand tu vas au concert, tu n'emportes pas tes boules Quies.

◁ ▷

La petite Christine va chez le coiffeur. Comme elle ne se tient pas tranquille, le coiffeur lui offre un berlingot avant de commencer à lui couper les cheveux. La petite fille reste sage pendant cinq minutes, puis elle se met à tousser, à cracher, elle s'étouffe, le coiffeur lui dit:

— Ma pauvre chérie, tu vas avoir des poils sur ton berlingot.

— Oh non, monsieur le coiffeur, je n'ai que huit ans.

◁ ▷

Savez-vous pourquoi on écrit « laine vierge » ? Parce que les brebis courent toujours plus vite que les bergers.

◁ ▷

Une jeune fille va voir son médecin:

— Docteur, je crois que j'ai de l'eau dans les seins.

— Qu'est-ce qui vous fait penser cela ?

— L'autre jour, au cinéma, mon fiancé m'a mis la main sur les seins. Eh bien, ma culotte était toute trempée !

◁ ▷

Petite scène chez la crémière:

— Ils n'ont pas l'air très frais, vos œufs!

— Ils sont aussi frais que les vôtres.

— Ça m'étonnerait. Les miens ils étaient encore voici un quart d'heure au cul d'une poule!...

◁ ▷

C'est une infirmière. Elle sort de la clinique d'accouchement et elle se précipite sur un gars qui stationne devant la clinique au volant de sa voiture. Elle lui crie:

— Vite, vite, venez vite.

— Mais je ne peux pas; je suis en double file.

— Oui, mais justement, vos jumeaux aussi.

◁ ▷

C'est une petite mandarine qui rentre chez ses parents:

— Maman, maman, si tu savais ce qui m'est arrivé! J'ai rencontré un citron, il a eu un zeste malheureux et je crois qu'il va m'arriver des pépins.

◁ ▷

C'est un client dans un restaurant qui appelle le garçon:

Ah, non! Garçon, remportez-moi cette langue de veau. Je n'aime pas ce qui sort de la bouche, c'est sale!

Tenez... Donnez-moi plutôt un œuf.

◁ ▷

C'est une patronne très belle et parfaitement à l'aise dans sa peau. Un matin, elle appelle son secrétaire particulier. Il est gentil, musclé et plein de charmes. Elle lui dit :

— Venez vous asseoir sur mes genoux, j'ai une lettre à vous dicter pour le Mouvement de libération des femmes.

◁ ▷

Sur le ring, il y a un boxeur qui est en train de se faire sérieusement malmener par son adversaire. Il a du sang plein les yeux. Il ne voit plus grand-chose, il envoie ses poings en avant dans le vide. Il demande à son soigneur:

— Tu crois que j'ai encore une chance de l'avoir?

Et l'autre lui répond:

— Ben, si tu continues à agiter l'air autour de lui, il va peut-être attraper une pneumonie.

◁ ▷

— Eh bien, docteur, quel est votre diagnostic?

— Cher monsieur, c'est très simple. Votre femme est enceinte. L'ennuyeux, c'est qu'elle est atteinte aux poumons.

— Oh, docteur, vous me flattez...

◁ ▷

Monsieur vient d'acheter une layette de bébé. Il rentre chez lui, tout content. Dans la salle de bains, il trouve un gars tout nu, en train de se raser. Alors, il entre dans la chambre de sa femme et lui dit:

— Quand tu m'as dit qu'on allait être trois, tu aurais pu t'expliquer.

◁ ▷

Le petit Paul est très farceur. Nous sommes le 1er avril, alors il crie:

— Maman ! Papa s'est pendu dans le grenier. » La maman accourt et ne voit rien.

— Poisson d'avril, maman, papa, s'est pendu dans la cave !

◁ ▷

Tous les soirs, un borgne enlève son œil de verre et le pose dans une soucoupe sur la table de nuit. Mais, un soir, il se trompe d'œil. Il s'enlève le vrai et dit:

« Merde ! Les plombs ont sauté ! »

◁ ▷

Ça se passe dans un pensionnat religieux. Quelques jeunes filles sont interrogées par la mère supérieure. Il y en a une qui veut se faire infirmière, une autre institutrice et la troisième voudrait entrer dans les ordres.

— Et toi, et toi ? demande la mère supérieure à une jolie jeune fille qui ne dit rien.

— Oh, moi, dit la jeune fille, je voudrais être prostituée, ma mère.

— Comment ? Tu es folle, répète ce que tu viens de dire !

— Je voudrais être prostituée.

— Ah, bon ! J'avais compris protestante...

◁ ▷

Mais enfin, garçon, c'est dégueulasse, vous essuyez les verres avec votre mouchoir.

— Oh, mais ça ne fait rien, monsieur, de toute manière, je n'aurais pas pu continuer à m'en servir. Je suis tellement enrhumé qu'il n'y a plus un coin de sec.

BOUVARD

Monsieur de Kersauzon, voulez-vous la traduire en alexandrins.

KERSAUZON

Mais enfin, garçon, sont-ce là des façons !
Vous essuyez les verres, je crois.
Avec votre mouchoir, je vois.
Oh, ça ne fait rien, monsieur,
Ce qui coule de mon nez
l'a déjà, vous le voyez,
Complètement imbibé.

BOUVARD

Cela a quand même plus de classe, hein ?

◁ ▷

CASTELLI

C'est une dame qui entre dans une confiserie. Elle tend une pièce de 1 franc et elle dit:

— Je voudrais un bébé en chocolat.

— Mais bien sûr, madame, dit la patronne. Vous voulez un garçon ou une fille ?

— Un garçon.

— Alors, c'est 1,10 franc.

BOUVARD

Vous pouvez nous expliquer ?

MARTIN

Tu as compris, Valérie ?

MAIRESSE

Parce que j'imagine qu'il y a plus de chocolat. Mais c'est encore macho ce truc.

MARTIN à CASTELLI

Tu as oublié de dire que les filles c'était 1 franc.

BOUVARD

Oui, je crois que ça aurait aidé à la compréhension générale.

MAIRESSE

Personnellement, je suis sûre que je suis plus chère que Kersauzon, par exemple.

KERSAUZON

A la boucherie ? Sûrement...

◁ ▷

EXEMPLE D'HISTOIRES DE CASTELLI INÉDITES PARCE QUE REFUSÉES POUR CAUSE DE TROP GRANDE DÉBILITÉ

C'est un jeune poisson qui se balade dans les eaux territoriales anglaises en compagnie de quelques amis. Tout à coup il aperçoit une énorme masse sombre qui flotte lentement devant lui. Il est un peu effrayé:

— Qu'est-ce que ça peut être ?

Son voisin lui répond:

— C'est rien ! C'est le derrière du *Queen Mary.*

Et le jeune poisson répond en souriant:

— *God save the king !*

◁ ▷

C'est une dame qui téléphone pour obtenir un radio-taxi. Pendant dix minutes elle attend une réponse et elle commence à s'ennuyer un peu. Alors elle dit à la standardiste:

— Vous me laissez vieillir au bout du fil, madame!

L'autre lui répond:

— Mais non, madame, mais non!... Si vous voulez rester jeune, il vous suffit de garder la ligne!...

◁ ▷

C'est un malade qui dit à son docteur:

— Vous savez, docteur, je suis venu vous voir parce que je me sens épuisé.

Le médecin examine le gars très longuement. A la fin, il repose ses instruments et déclare:

— Je ne vois pas ce qui peut vous fatiguer à ce point-là. Vous êtes en parfaite santé. Tous vos organes fonctionnent régulièrement. Il n'y a guère que du côté du sexe que vous semblez un peu — c'est difficile à dire — fatigué. Avez-vous une forte activité sexuelle?

— C'est-à-dire que je suis obligé de m'occuper de ma femme.

— Ah! je vois, dit le docteur, vous êtes un chaud lapin.

— Il y a aussi la bonne.

— Mais à part votre femme et la bonne, c'est tout?

— Non, docteur. J'ai un peu de honte à vous le dire, mais la femme du jardinier m'a fait des avances l'autre jour, alors, je vais lui faire deux ou trois petites choses à l'heure où son mari...

— Mais à part la femme du jardinier...

— J'ai bien une vieille maîtresse que je vais voir entre 5 et 7... Et puis j'ai gardé mes mauvaises habitudes de collège.

◁ ▷

Cela se passe dans une caserne. L'adjudant de semaine se met à hurler:

— Rassemblement par ordre alphabétique. Les plus petits devant.

◁ ▷

Deux copains qui se rencontrent. L'un dit à l'autre:

— Ta fiancée, elle est belle au moins ?

— Oh oui, elle est belle comme une déesse. Enfin, je veux parler de son corps. Parce que la tête, elle a une tête tellement affreuse que j'aimerais bien la jeter.

— Ah bon ! En somme, c'est comme pour le poisson.

— Ben oui, c'est ça. D'ailleurs elle ne me reçoit que le vendredi.

◁ ▷

Allô ! La compagnie d'assurance ? Mon mari avait une assurance contre l'incendie et il vient juste de mourir. Vous pouvez m'envoyer la prime ?

— Est-il mort dans un incendie ?

— Non, il est mort d'une mauvaise grippe, mais je l'ai fait incinérer.

◁ ▷

C'est un petit garçon qui sort de l'école. Il traverse le passage clouté et ... Paf ! un autobus lui passe dessus et lui coupe les deux bras. Il se relève parce qu'il est très courageux. Il descend la rue et... Paf ! un rouleau compresseur lui passe dessus et lui écrabouille les jambes. Alors, il se traîne jusqu'à la porte de sa maison. Parce qu'il est très courageux, il frappe avec sa tête. Sa maman vient lui ourvrir. Il lui dit:

— Maman, bobo.

◁ ▷

C'est un petit garçon. Il hurle:

— Où elle est maman, où elle est maman ? J'ai besoin de maman.

Exaspéré, son père soulève le couvercle de la marmite :

— Tiens, elle est là, ta mère.

Alors le môme regarde, puis se remet à pleurer:

— C'est pas vrai, t'as pas tout mis !

Ils se mettent à table. Et le père demande :

— Tu l'aimais ta mère ?

— Oh oui, papa.

— Eh bien reprends-en !

◁ ▷

C'est une brave ménagère. Elle se présente à la consultation d'un radiologue.

— Docteur, vous faites bien les rayons X ?

— Oui, oui, madame. Eh bien, vous allez me passer cette boîte de conserve à la radio. L'étiquette s'est décollée et je ne sais plus si c'est du cassoulet ou des haricots verts.

◁ ▷

Une dame va chez le gynécologue. Elle monte. On lui ouvre la porte. Il y a un monsieur en blouse blanche. Elle entre dans une salle aux murs blancs. Elle s'installe sur une table qui ressemble à une table d'examen. Il y a plusieurs messieurs qui se penchent sur le problème. Au bout d'un quart d'heure, elle demande:

— Alors, docteurs, quel est votre avis ?

— Eh bien, écoutez, nous, on n'ose pas se prononcer. Parce que le gynéco que vous cherchez c'est l'étage au-dessus. Nous, nous sommes les peintres.

◁ ▷

Ça se passe au cours d'un grand dîner. Une dame assise à côté d'un vétérinaire lui dit:

— Docteur, vous allez pouvoir m'aider. J'ai un amour de petit chat qui perd ses poils ! Qu'est-ce que vous me conseillez ?

Et le vétérinaire lui répond:

— Évitez de faire de la bicyclette !...

◁ ▷

M. Dupont est constipé. Un de ses amis lui dit:

— Prends du Vasyvite 500, tu verras, c'est très efficace. Mais attention c'est très fort. Pas plus de deux cachets par jour !

M. Dupont se rend à la pharmacie et à peine sorti il avale la moitié de la boîte. Le remède fait de l'effet aussitôt et il rentre chez lui en courant. Il va vite, il va vite ! Une fois arrivé devant la porte de son immeuble, il croise une dame qui lui demande:

— Pardon, monsieur, pourriez-vous m'indiquer la pharmacie la plus proche ?

Alors M. Dupont lui répond:

— Ce n'est pas difficile, madame, suivez la raie jaune...

◁ ▷

Dans un camp de nudistes il y a une pancarte posée à terre, mais la pancarte est rédigée en caractères microscopiques. Et quand se présente un nouvel arrivant, c'est toujours la même chose: il se penche pour déchiffrer l'inscription : Attention aux pédérastes... Et quand il se relève, il est trop tard !

◁ ▷

Dans un restaurant un client consulte la carte. Le garçon s'avance en se grattant la fesse. Le client lui demande :

— Vous avez des hémorroïdes, garçon ?...

Et l'autre lui répond:

— Je ne sais pas, monsieur, je vais demander au chef !

◁ ▷

C'est une jeune nonne qui a un furoncle à la fesse. On fait venir un médecin, mais la petite nonne refuse absolument de montrer sa fesse à un homme. Elle fait un tas d'histoires, elle se met à pleurer, à supplier... Finalement, elle dit à la supérieure:

— Qu'on fasse sortir le docteur un moment et qu'on me couvre de saintes images !...

La mère supérieure finit par céder. Et quand le médecin revient dans la chambre, il cherche à droite et à gauche, et puis il finit par distinguer un monceau d'images saintes et il entend alors une pauvre petite voix étouffée qui murmure:

— Soulevez sainte Thérèse !...

◁ ▷

HISTOIRES DE JEAN YANNE

C'est un type handicapé. Il n'a pas de bras, pas de jambes et pas de tronc. Ce n'est qu'une grosse tête, mais il est très intelligent et très aimé de ses camarades. Un jour, c'est son anniversaire. On le met au milieu de la table. Évidemment, il ne peut pas s'asseoir puisqu'il n'a pas de corps, et on lui apporte des cadeaux. On pose un paquet devant lui. Avec les dents, il défait la ficelle, il retire le couvercle et il dit:

— Oh ! merde, encore un chapeau !

◁ ▷

C'est un type qui arrive dans un music-hall et dit:

— Je voudrais voir le patron parce que j'ai une attraction à présenter.

— Qu'est-ce que c'est ?

— C'est un pianiste de trente centimètres.

— Ah bon, vous l'avez avec vous ?

Le type dit oui. Il prend une boîte. Il l'ouvre et en sort effectivement un pianiste haut de 30 centimètres.

— Et il joue du piano ?

— Oui.

Il sort un piano et il le met devant le pianiste de 30 centimètres.

Le pianiste commence à jouer du Chopin, du Bach... Le directeur, enthousiaste, dit:

— C'est formidable, je l'engage tout de suite et il signe le contrat. Une fois le contrat signé, il demande:

— Maintenant, vous pouvez bien me le dire. Comment l'avez-vous trouvé ? Une attraction comme ça, c'est extrêmement rare.

— C'est très simple. J'étais, il y a quelque temps, en Transylvanie, car j'ai une propriété là-bas. Je roulais sur la piste. J'ai vu une vieille femme qui traversait, je n'ai pas pu freiner à temps, je l'ai renversée. Je l'ai relevée, je l'ai amenée dans ma propriété, et je l'ai soignée. Elle est restée avec nous une trentaine de jours. Au bout d'un mois, elle était parfaitement rétablie et m'a dit:

— Écoutez, je vais vous dire la vérité. Je suis une fée. Avez-vous un vœu à exprimer? Je vais l'exaucer... J'ai demandé un pénis de 30 centimètres... Mais elle était un peu sourde. Elle n'a pas bien compris.

◁ ▷

DRUCKER AUSSI

DRUCKER

Dans un compartiment, il y a une dame qui s'assoit, une dame assez âgée avec un petit col très convenable. Elle lit un livre relié, un très beau livre ; un monsieur s'installe en face d'elle et immédiatement après elle s'aperçoit qu'il a sa braguette ouverte. Tout à coup, le monsieur voit que cette dame regarde à un endroit très précis. Ça commence à le gêner. Le train s'ébranle — si j'ose m'exprimer ainsi...

BOUVARD

Il va loin ; là ?

MARTIN

Il y va, il y va. C'est bien parti...

DRUCKER

Alors, il ouvre un journal et la dame regarde toujours à cet endroit. Il veut créer une diversion et c'est difficile. Le train s'immobilise à la station suivante, juste à la hauteur d'un grand placard où l'on voit: « Ce soir, *Lohengrin.* » Alors le monsieur, pour changer de sujet, dit à la dame:

— Vous connaissez, *Lohengrin*?

Et la dame répond:

— Non, monsieur, mais si vous me le montrez, j'appelle la police.

◁ ▷

HISTOIRES DE JACQUES MARTIN

— Est-ce que tu connais l'histoire des deux touristes belges qui sont en voiture et qui descendent sur la Côte d'Azur par l'autoroute ?

Ils ouvrent la radio de bord et ils entendent le speaker qui dit:

— Attention, attention, une voiture s'est engagée à contresens. Faites très attention.

Et le gars dit:

Une voiture ? Regarde, chérie, mais c'est deux cents qu'ils devraient dire...

◁ ▷

C'est le même couple de Belges qui remonte de la Côte d'Azur. Ils s'arrêtent au bord de la route et la femme dit :

— Regarde voir, dis donc, des gens ont oublié un barbecue. Il est encore neuf, il n'a jamais servi. On va le rapporter chez nous à Bruxelles.

Ils ouvrent leur coffre et mettent le barbecue dedans. Ils arrivent à la douane. On leur demande s'ils n'ont rien à déclarer.

— Rien, répond le mari.

La femme intervient:

— Mais si, dis-lui, après tout. On a trouvé un barbecue.

— Ah oui, dit le douanier, faites voir.

Alors ils ouvrent le coffre et le flic fait:

— Ah, c'est vous qui avez piqué le radar !

MARTIN *(Avec l'accent â-fricain):*

Tu connais l'histoire de l'explorateur qui s'est fait attraper par les anthropophages ? Le sorcier le met dans une casserole avec quinze poireaux, trois oignons, le riz, le bouillon Kub et il met le couvercle. Il allume le feu dessous et dans la casserole au bout d'un moment il entend: krum, crush... Il soulève le couvercle, file un coup de louche sur la tête du mec et il dit:

— Ah ! le salaud, il est en train de bouffer la garniture !

BOUVARD

Un gars rentre dans une boutique où il y a des tenailles en devanture.

Il dit:

— Je voudrais une paire de tenailles.

— Je suis désolé, monsieur, on ne vend pas de tenailles ici.

— Qu'est-ce que vous faites, alors ?

— On fait des circoncisions.

— Pourquoi mettez-vous des tenailles dans la vitrine ?

— Que voulez-vous qu'on mette d'autre ?

JUGNOT

Un élève a été puni, gardé en retenue. A midi, son père l'interroge:

— Pourquoi le maître t'a-t-il puni ?

— Parce que, explique le gamin, j'avais peint en vert les boules de billard.

— C'est tout ?

— Oui, papa, je te le jure.

— Je vais lui dire deux mots à ton instituteur...

— C'est scandaleux, dit-il au maître. Vous avez mis mon fils en retenue uniquement parce qu'il avait peint les boules de billard en vert.

— En effet. Et vous allez tout de suite comprendre ma sévérité.

Il fait un signe à l'un des enfants:

— Billard ! Viens faire voir tes boules au monsieur !

◁ ▷

BOUVARD

Vous connaissez l'histoire de la fille qui est passée sous un autobus et qui n'a rien ?

JUGNOT

Non ?

BOUVARD

Il y a une copine à qui elle raconte ça et qui dit:

— C'est quand même incroyable, Lucienne est passée sous l'autobus et pas une égratignure. Moi, il n'y a que le receveur et regarde dans quel état je suis.

◁ ▷

C'est l'histoire d'un monsieur qui veut se débarrasser de sa femme parce qu'il n'est pas heureux. Le médecin auquel il s'ouvre de ses malheurs conjugaux lui dit:

— Écoutez, vous n'avez qu'à faire l'amour avec elle plusieurs fois par jour, toutes les heures même si vous pouvez. Vous verrez, ça va la mettre sur les genoux. Elle va aller très mal et puis elle finira par mourir.

Alors le type s'active pendant quinze jours, trois semaines, pendant un mois, deux mois... Et puis il est obligé de se coucher parce que ça ne va plus. Il est à toute extrémité. Un prêtre vient pour lui donner l'extrême-onction. Pendant qu'on est en train de lui présenter les ustensiles, il y a sa femme qui passe, en tenue de tennis, et qui lui dit:

— Hello, chéri ! Ça va ? Je reviendrai tout à l'heure, j'ai une partie à disputer. Le mourant se soulève et dit au prêtre:

— La conne, elle ne sait pas ce qui l'attend. Dans huit jours, elle sera morte.

◁ ▷

HISTOIRES DE PHILIPPE BOUVARD

C'est une dame qui voit un petit sac dans la vitrine d'un maroquinier? Sur le sac, il y a inscrit 5000 francs. Elle entre dans la boutique et dit:

— C'est mignon, ce sac, mais pourquoi vaut-il si cher?

La vendeuse s'approche et dit:

— Vous savez, madame, c'est fait dans une peau extrêmement précieuse.

— Ah bon! Et qu'est-ce que c'est comme peau?

— C'est de la peau de sexe masculin.

— Ahahah! Oui mais c'est tout petit.

— Peut-être, mais si vous frottez un peu, ça devient une valise.

◁ ▷

Deux amoureux sont dans une allée du bois de Boulogne. Elle dit:

— Écoute comme c'est joli le chant des grillons.

Et il répond:

— C'est pas les grillons, c'est les fermetures Éclair.

◁ ▷

Un plombier barbu se présente au domicile d'une dame qui a des problèmes avec la vidange de son bidet. Il se penche vers le sanitaire et se prend la barbe dans la bonde. Il fait:

— Ouille!

Et la dame dit:

— Vous voyez comme c'est désagréable!...

◁ ▷

Une jeune fille se confesse à son curé. Elle dit:

— J'étais avec Hector dans ma chambre, et puis il m'a prise par le cou.

— Ah bon, fait le curé, et après ?

— Il m'a mis la main sur les genoux.

— Ah bon, et ensuite ?

— Et puis il a retroussé ma jupe.

— Ah bon ?

— Et puis, il m'a mis la main sur la cuisse.

— Et puis ?

— Et puis maman est rentrée.

— Ah merde, fait le curé.

◁ ▷

Petite contrepèterie belge de Kersauzon

Il faut dire: il fait beau et chaud et non pas: il fait chaud et beau.

◁ ▷

VI

Les couples se forment...

LES COUPLES SE FORMENT

Le couple (à deux ou à trois, comme dans la vie) constitue la cellule élémentaire des « Grosses Têtes ».

Des artificiels et des authentiques (vous trouverez un homme et une femme, deux hommes, deux hommes une femme, ou même, cela s'est vu, Alice Sapritch et Philippe Castelli).

Autres couples : Kersauzon et Jugnot ; Level et sa guitare ; Yanne et Martin ; Zitrone et Léon (mais il s'agit là d'une transposition comique du célèbre *Docteur Jekill et Mister Hyde*).

Une fois les couples formés, on bâtit des romances, on défait les lits ou on sonde les reins et les cœurs.

Qui n'a pas entendu Jacques Martin me reprocher véhémentement : « Tu n'es pas rentré à la maison depuis deux jours ? Tu me laisses seul avec les enfants sur les bras ! » ignore tout des surprenants rapports qui peuvent s'établir pendant quatre-vingt-dix minutes chaque jour (à l'exclusion du dimanche) entre des hommes connus pour être normaux, mariés, pères de famille et même grands-pères.

LA ROMANCE ENTRE CASTELLI ET MÉNIE GRÉGOIRE

BOUVARD

Bonjour, voici une équipe de grosses têtes, équilibrée, où les talents sont complémentaires. Par exemple, un grand garçon qui à son âge est loin d'avoir résolu tous ses problèmes : Philippe Castelli. Une dame que vous connaissez bien et que vous aimez bien, dont la vocation est de travailler en pleine pâte humaine... C'est vous dire qu'avec Castelli elle va se régaler, parce que, comme il est mou, elle va le modeler à sa guise : Ménie Grégoire. Comme nous n'avons pas pu avoir Alain Bombard, le naufragé volontaire, nous avons aujourd'hui le naufragé involontaire : Olivier de Kersauzon. Un des plus gros propriétaires de résidences secondaires en France, actuellement, puisqu'il possède un petit mât sur tous les rivages...

Je n'en crois pas un mot, bien sûr, mais enfin il faut bien dire quelque chose pour commencer. Et puis notre maître à tous, et je ne dirai jamais assez à quel point nous lui sommes redevables sur le plan du talent, de la communication, du sourire, de la culture et de la modestie... Jacques Martin.

PRÉSENTATION DE CASTELLI A MÉNIE GRÉGOIRE

CASTELLI

Madame Grégoire, vous avez un studio, ici ?

MARTIN

Ça y est, il emballe. Maladroit ! Est-ce que l'on demande à une jeune fille si elle a un studio ?

CASTELLI

Mais, dans une radio, il y a des studios.

MÉNIE

Oui, bien sûr, mais je n'ai plus de studio, il fallait vous presser, c'est un peu tard.

CASTELLI

Ah bon !

MARTIN

C'est ce qu'on lui reproche, qu'il tarde toujours.

BOUVARD

C'est un garçon un peu secret, solitaire. D'ailleurs, nous l'avons surnommé « Bande à part ».

MÉNIE

Moi, je trouve qu'il a beaucoup d'équilibre, il ne vous a pas encore envoyé son verre d'eau à la figure. Il ne s'est pas mis à pleurer.

BOUVARD

Mais parce qu'il ne comprend pas, Ménie...

MÉNIE

N'importe, moi je trouve qu'il est très très bien. Permettez-moi de le défendre.

CASTELLI

Oh ! Qu'elle est gentille !

BOUVARD

Mais il l'embrasse ! *(A Ménie):* Est-ce qu'il embrasse bien ?

MÉNIE

Bof, bof.

BOUVARD

C'est pas terrible, hein ! Il est un peu gêné par son nez, mais il y met beaucoup de bonne volonté. Alors, Ménie, vous connaissez maintenant notre ami. Il vous a embrassée, ce qui a contribué à rompre la glace. On aimerait que vous le preniez en main.

MÉNIE

C'est que... Il faudrait quand même qu'il me le demande.

CASTELLI

Je n'ai pas à vous le demander. Vous êtes suffisamment grande pour prendre des initiatives.

MARTIN

Ménie, vous avez du pain sur la planche.

BOUVARD

Oui, parce qu'il est assez plat, vous verrez...

CASTELLI

(A Ménie) : D'où il vient, votre pendentif ?

BOUVARD

Méfiez-vous, il feint de regarder le collier, en fait, c'est la poitrine qui l'intéresse.

MARTIN

Vous savez qu'on vous a placée — et vous prenez de grands risques — auprès de l'un des plus grands obsédés sexuels de cette fin de vingtième siècle ? La terreur de son quartier !

CASTELLI

N'importe quoi.

BOUVARD

Mene, que conseillez-vous en cas d'obsession sexuelle ?

MÉNIE

Écoutez, vous l'affolez le pauvre.

BOUVARD

Mais pas du tout. C'est VOUS qui l'affolez.

MARTIN

Écoutez-moi, ça fait cinquante fois que je fais l'émission... C'est la première fois que je le vois se pencher sur un corsage de dame.

BOUVARD

Il est dans un état ! Regardez ses mains, regardez son œil !

MARTIN

Il y aurait un meurtre cette nuit, je ne serais pas étonné...

BOUVARD

Dans le cas d'une obsession chronique comme la sienne, doublée de priapisme, que conseille-t-on ? Les bains de siège, le bromure ?

MÉNIE

Non, non.

MARTIN

On peut lire un roman de Paul Guth. Ça coupe tout.

BOUVARD

Vraiment, Ménie, vous n'avez jamais eu d'obsédé sexuel qui ait appelé ?

MÉNIE

Mais non.

MARTIN

Permettez-moi, alors, de vous présenter Léon Zitrone. Enfin, on ne peut rien révéler sous les dessous de Léon, car il faudrait s'y mettre à plusieurs.

BOUVARD

Oui, mais avec Léon ça trompe aussi.

MARTIN

Tandis qu'avec Castelli c'est sans surprise.

BOUVARD

Je dirai même qu'en raison de ses ascendances italiennes ce serait plutôt un Spaghetti.

CASTELLI

A propos de ça, j'ai une histoire : Ce sont deux vers de terre qui se promènent sur la table d'un restaurant italien, à côté d'un plat de nouilles. L'un dit à l'autre : « Tiens une partouze ! »

MARTIN à MÉNIE

Vous me voyez navré de constater que vous souriez après cette histoire. Ainsi, vous êtes pour l'amour de groupe ?

MÉNIE

Mais pas du tout, je n'ai pas dit ça.

CASTELLI

La thérapie de groupe, ce n'est pas la même chose.

MÉNIE

Je trouve que M. Castelli est très au courant de ce genre de choses.

BOUVARD

Il n'y a qu'en se glissant dans un groupe qu'il peut avoir sa chance.

Pourquoi secouez-vous Ménie comme ça ?

CASTELLI

Parce qu'elle adore ça.

BOUVARD

Les femmes, c'est pas comme des prunes. Ça ne tombe pas quand on les secoue. Voulez-vous que M. Martin vous montre comment pratiquer le baisemain.

KERSAUZON

C'est un bon début. Ça permet de renifler la qualité de la viande.

MARTIN

Voilà le don juan de la pointe de Bretagne.

Holà, Marie, viens te faire sentir avant que je te monte !

KERSAUZON

Évidemment, si elle a les pattes qui sentent le fumier, faut pas insister. C'est un test. Il faut toujours démarrer par quelque chose. On commence par baiser la main.

BOUVARD

Mais si ça sent le savon de Marseille, par exemple. Quelle est votre réaction ?

MARTIN

C'est bon, ça assoiffe le client.

KERSAUZON

Moi, j'hésite.

BOUVARD

Quelles sont les odeurs auxquelles vous êtes le plus sensible.

MARTIN

L'argent.

KERSAUZON

Ah oui. L'argent! Le baisemain permet de voir si les bijoux sont vraiment en or.

◁ ▷

LE VICOMTE DÉCLARE SA FLAMME

BOUVARD

Je voudrais dire à Ménie Grégoire que...

KERSAUZON

... Que je l'aime énormément et que le désir s'empare de moi comme d'une bête sauvage dès qu'elle apparaît dans les couloirs de la station.

C'est ça que vous vouliez dire, Philippe ?

BOUVARD

Dites-lui. Même si c'est pas vrai. Ça fait toujours plaisir.

CASTELLI

Ménie, dès que vous apparaissez dans les couloirs de la station, il se fait en nous une révolution juvénile.

BOUVARD

Non, justement, je voulais remettre les choses au point. Car, quand j'ai eu l'imprudence de présenter Philippe Castelli à Ménie Grégoire, il lui a fait une cour assez pressante qui a pu laisser penser qu'il bénéficiait d'un tempérament qui n'est pas le sien. En fait, Ménie, il m'a confié qu'il aimerait bien vous exprimer son véritable problème qui est très différent — on peut même dire que c'est l'opposé.

MARTIN

Est-ce vraiment normal que Castelli expose devant des millions et des millions d'auditeurs...

CASTELLI

Mais non, moi, j'irai voir Ménie. Vous recevez de quelle heure à quelle heure ?

MÉNIE

Vous m'avez déjà posé la question. Je ne reçois pas. D'ailleurs, écoutez, si on vous enlevait vos problèmes, vous ne seriez plus intéressant du tout. Il faut souvent garder ses problèmes. C'est la prudence.

MARTIN

Ménie, c'est pas tout à fait normal qu'à soixante ans passés il continue à faire pipi au lit.

BOUVARD

Ménie, imaginons que vous ne le connaissiez pas. Détournez votre regard de lui.

MÉNIE

Ça vaut presque mieux...

BOUVARD

Vous, Philippe Castelli, vous me regardez. Imaginons que vous téléphonez à Ménie.

CASTELLI

Allô, Mamie Gringoire...

◁ ▷

UN PHYSIQUE DE RADIO

BOUVARD

Qui a les pattes adhésives, la langue collante, le sang froid et les yeux roses ?

KERSAUZON

Le violeur de Pigalle.

CASTELLI

Le lézard.

BOUVARD

Très bonne réponse de P. Castelli.

CASTELLI

Ah, ah, ah ! J'ai trouvé.

MARTIN

Mais il est fou. Quand il a levé les bras, sa chemise est sortie, on a vu tous ses abcès. Montre ton estomac.

KERSAUZON

Castelli, c'est le faisandé du cinquième...

MARTIN

J'ai jamais vu un ventre comme ça ! C'est pas possible, tu bouffes deux fois par jour au « Wimpy », toi !

CASTELLI

Mon cher ami, j'ai un régime alimentaire.

MARTIN

Ça fait longtemps que tu as des boutons sur le ventre ?

CASTELLI

C'est pas un bouton, c'est un nombril.

KERSAUZON

Vu le détail, ton régime, ça doit être une dictature.

BOUVARD

Et ce que vous avez dans les mains, qu'est-ce que c'est ?

CASTELLI

C'est un fume-cigarette.

BOUVARD

C'est Sapritch qui vous l'a refilé ?

CASTELLI

Non, non, les siens sont beaucoup plus longs. Celui-là, c'est un fume-cigarette antinicotine.

MARTIN

C'est pas la peine avec le filtre que te font tes dents... Quand tu souris, on dirait l'alignement de Carnac.

CASTELLI

J'ai une petite histoire...

BOUVARD

Oui, mais toute petite, alors...

MARTIN

Vous l'avez vu, c'est lui qui chantait au Châtelet : « Mes chicos, mes chicos ».

BOUVARD

Je voudrais que votre histoire, vous la racontiez pour une seule personne, pour Menie, comme si vous étiez sous le balcon de Roxane.

MARTIN

Non, non, ils sont dans un lit.

MÉNIE

Hou là là !

MARTIN

Allez on situe la scène, Castelli, tu es allongé...

CASTELLI

Nous sommes couchés, moi et Ménie.

MARTIN

Voilà.

CASTELLI

Nus, évidemment.

MARTIN

Vous êtes nus sur un lit. *(A Kersauzon):* Est-ce que tu veux faire les mouches ?

BOUVARD

Bon, ils sont couchés. Aussi, pour achever l'opération de séduction et parce que le rire désarme, Castelli en sort une bien bonne qui n'est pas celle qu'on attendait.

MARTIN

Reprenons tout. Vous êtes mollement allongés...

BOUVARD

Il n'est pas allongé, il est répandu. Menie est à côté de lui. Sa tête repose sur votre épaule. C'est dire qu'elle est déjà écorchée

KERSAUZON

Dans la chambrette misérable, d'un coup elle se penche vers lui.
Elle lui dit : « Mon incapable, raconte donc, mon Castelli » ;
Et le voilà, le minable, qui se met debout sur le lit,
Qui lui raconte, l'incapable, une histoire... elle n'a pas ri.
Il se penche vers elle, il tend ses grandes ailes d'oiseau de malheur.
Et lui murmure des mots qui ne lui vont surtout pas au cœur.
Elle a bien envie de sauter par la fenêtre, mais devant le cinquième.
Elle se dit je ne le fais pas et même.
Elle descend l'escalier, affolée, et elle crie.
Dans la rue, on ricane, on connaît Castelli.
C'est le cinquième étage, oui, c'est l'endroit maudit
Où notre oiseau volage a fait un jour son nid.
Dans le quartier les enfants, les mères ont peur.
Ils le voient, ils le montrent : c'est l'oiseau de malheur...

Ça peut durer un an tellement t'es dégueulasse.

MÉNIE

Moi, je trouve ça prodigieux.

BOUVARD

C'est reculer pour mieux sauter, vous savez.

CASTELLI

Et alors, Ménie me murmure tendrement : « Raconte-moi une petite histoire, mon bichon, mon fifi. »

MARTIN

Non, non. Rien ne va plus. On recommence tout. Attention : le rideau se lève.

KERSAUZON

Le concombre mou. Première :

MARTIN à CASTELLI

Allez. Vas-y !

CASTELLI

Elle me dit : « Mon bichon, mon chouchou. »

MARTIN

Tu fais l'amour ou de l'élevage ? On dirait qu'il parle à des moutons.

BOUVARD

Vous pourriez peut-être laisser le soin à Ménie de jouer son propre rôle. *(A Ménie):* Ménie, vous êtes couchée à côté de Castelli.

Simple hypothèse de travail.

KERSAUZON

Elle s'est évanouie, la pauvrette, lorsqu'il s'est déchaussé.

MARTIN

Les senteurs de ses panars l'ont vraiment ensorcelée.

KERSAUZON

Évanouie, la pauvrette, par l'odeur assommée.

MARTIN

Vous savez, Ménie, qu'il vous faut beaucoup de courage pour être nue à côté de Castelli.

MÉNIE

C'est vous qui avez fait cette hypothèse.

MARTIN

A côté d'un squelette, cela fera Momie Grégoire.

Et puis vous le déshabillez, c'est là que vous lui ôtez ses bandelettes.

KERSAUZON

Et la pauvre Ménie qui a le cœur si pur
Dans la chambre atroce découvre ta nature.
Elle voit apparaître Castelli dénudé
Et c'est tout d'effroi qu'elle se trouve emparée.
La lumière tamisée que tu laisses sous les toits
Tu approches ton moi et elle n'y croit pas.
Tu ouvres les bras et tu t'approches d'elle
Elle regrette le bon temps ou jeune fille demoiselle
Enfermée par les sœurs, elle ne pouvait redouter
Ce que tu proposes maintenant : ton immonde baiser
Tes lèvres, mortes limaces, se posent sur son cou
Elle craint, elle crie, elle est déjà à genoux
Pour prier tous les cieux de la sortir de là.

MARTIN

Allez, raconte-moi ton histoire, Castelli.

KERSAUZON

On ne va pas te déranger.

CASTELLI

Oui, mais vous me laissez trois secondes... Devant l'insistance de Ménie qui n'arrête pas de me dire : « Raconte-moi une histoire, mon petit chou... » La voici :

A la maternité, deux poupons bavardent :

— T'es un garçon ou une fille ?

— Je ne sais pas.

— Attends, je vais te dire ça tout de suite...

Alors, le premier bébé soulève le drap de l'autre et lui dit :

— T'es une petite fille.
— Ah, et comment tu le sais ?
— Ben, t'as des chaussons roses.

MARTIN

Mais c'est très vulgaire.

BOUVARD

Ménie, excusez-le, on ne voulait pas aller jusque-là.

◁ ▷

UNE NOUVELLE AGENCE DE RENCONTRES : « LES GROSSES TÊTES »

Valérie MAIRESSE

C'est marrant, Kersauzon, l'année dernière, je le trouvais pas mal, mais cette année il est vraiment moche.

KERSAUZON

Moi, j'ai un an d'avance sur toi. Ça fait deux ans que je te trouve vilaine.

BOUVARD

Cet échange d'amabilités me permet de vous présenter deux beaux couples. D'abord, un couple idéal que nous avons pris l'initiative de former. Personne ne s'en était avisé avant nous, d'ailleurs, je pense qu'ils ne se seraient pas rencontrés si je ne les avais pas présentés l'un à l'autre. L'homme idéal, c'est Philippe Castelli. La femme idéale, c'est Valérie Mairesse.

Vous savez, Valérie, il est très bien logé. Il a un cinquième sans ascenseur rue Notre-Dame-de-Lorette. Il ouvre admirablement les conserves. Je crois que vous pourriez être heureuse avec lui. Regardez-le, n'est-il pas beau ?

KERSAUZON

S'ils font des petits, j'en prends un.

BOUVARD

A côté du couple idéal, un couple d'amis : Olivier de Kersauzon, le barreur, et notre amiral Jacques Martin.

◁ ▷

MARTIN à VALÉRIE

Je voudrais qu'on soit plus que des camarades. Ce qui me plairait, ce serait quelque chose de plus rapproché, tu vois ?...

Si on pouvait, je ne sais pas moi, joindre les deux bouts, l'un et l'autre. C'est tellement charmant, tellement potelé, hein...

Petit bijou. Petite cochonne, va, c'est vicieux ça, ça a été élevé chez les sœurs. Regardez ça. Tu n'as pas mis ta petite jupe aujourd'hui ? C'est tellement charmant, quel âge tu te fais maintenant ?

MAIRESSE

Je n'ai que treize ans.

MARTIN

Oh ! Viens vite jouer à la glissette savoyarde sur mes genoux. Viens vite mon petit bijou.

◁ ▷

SUR LA LIAISON MARTIN-KERSAUZON

MARTIN *(A Kersauzon) :*

Tu nous fais la tête ? Parce que tu n'aimes pas Jugnot physiquement ? C'est fini entre vous deux, maintenant ?

KERSAUZON

Je ne fais pas la tête. Je pensais à autre chose.

MARTIN

Dis tout au docteur. Tu t'es fâché avec ta poupée gonflable ? Elle a coulé ?

KERSAUZON

La ferme !

MARTIN

Qu'est-ce que tu as ? Tu n'es pas heureux, tu veux faire un autre métier ? C'est la mer qui t'attire ? Ici, il n'y a pas de vagues, pas de marées.

Eh bien, repars, mon grand. Tant pis, je t'attendrai sur la lande.

J'irai chaque soir à la pointe du Raz guetter ta voile.

Olivier, hisse ton froc !

JUGNOT

Tu veux faire un autre métier ? Je connais quelqu'un dans le prêt-à-porter.

BOUVARD

Si vous aimez bien barboter, soyez plongeur dans un restaurant...

MARTIN

Fais scaphandrier. Comme ça, tu seras tout de suite sur place.

Enfin, tu fais comme tu veux, Olivier, mais si tu veux faire la tête, je te signale que tu n'auras pas le dernier mot. *(Avec une voix de femme):* Ce n'est pas de ma faute, tu sais, si tu n'es pas en mer. C'est agréable devant nos amis. Je suis vraiment désolé. Excusez-moi de vous avoir invité à dîner, mais vraiment... Depuis qu'on est mariés c'est toujours comme ça.

JUGNOT

Dis quelque chose, Olivier, tu te mets dans un état !...

MARTIN

Encore, c'est rien. Quand il a perdu la dernière course, il m'a battu. J'étais à l'arrivée à Perros-Guirec. J'avais fait ma toilette, j'étais propre, j'avais des chaussettes propres... Il ne me voit même pas. Il buvait du Kritter. Alors, tu fais ce que tu veux, tu sais. Tu peux rentrer en Bretagne. Ma mère m'avait dit de ne pas épouser un marin, surtout un catholique. J'aurais dû l'écouter.

◁ ▷

SUR LA LIAISON BOUVARD-MARTIN

LEFEBVRE

Jacques, la première fois où vous vous êtes rencontrés, c'était où ?

MARTIN

Dans le Béarn.

BOUVARD

Il m'a gagné dans une tombola.

MARTIN

Nous avons été un couple très uni. C'est moi qui lui faisais toutes ses chemises, mais comme je suis myope, je fais les cols trop grands, voyez... C'est moins embêtant à repasser.

LEFEBVRE

C'est toi qui lui fais ses nœuds de cravate ?

MARTIN

Tout, tout, je lui fais tout. Je lui tricote ses caleçons en coton, perle 2. Fais voir tes dessous à nos amis.

LEFEBVRE

On m'a dit que tu l'avais trompé.

MARTIN

Oui, une fois avec Zitrone, mais...

BOUVARD

Il voulait se marier à La Havane sous prétexte qu'on était concubins.

◁ ▷

VII

En pleine débilité

EN PLEINE DÉBILITÉ

« Les Grosses Têtes » parlent trop et depuis trop longtemps pour n'avoir à proposer au public que des paroles rares et des idées choisies.

Il est bien connu qu'à force de courir après l'esprit on n'attrape souvent que la bêtise. Mais comme cette dernière n'est pas sans vertu comique, et que ce recueil constitue aussi un *mea-culpa*, j'ai estimé qu'il ne fallait pas exclure de la revue de détails certains propos dont nous n'avons aucune raison d'être fiers.

Dans ce domaine les risques sont considérables. On se laisse aller, un mot en appelle un autre, et comme un comique ferait n'importe quoi pour faire rire, le pire est vite dépassé.

On ne soulignera jamais assez l'importance de la salle dans les enregistrements publics. C'est d'abord elle qu'on prend pour cible, parce qu'on la voit, parce qu'on la sent, parce qu'elle joue le rôle du fronton à la pelote basque en renvoyant régulièrement les balles.

C'est le public présent qui fabrique ce rire contagieux qui déclenche ensuite celui de millions d'auditeurs lointains et confiants puisqu'ils n'ont pas toujours les éléments d'appréciation visuels qui ont donné naissance à la vague.

Aux nouveaux qui s'apprêtent à participer aux « Grosses Têtes », et qui, inquiets, demandent à connaître la recette pour se faire une place dans l'émission, on répond avec la meilleure foi du monde : « Dites n'importe quoi mais le plus rapidement possible. »

Un exemple du professeur de Kersauzon :

BOUVARD

Question de M. Leroux.

KERSAUZON

J'ai connu un Leroux en Afrique.

BOUVARD

Qu'est-ce qu'il faisait ?

KERSAUZON

Il avait un boy et tous les matins il criait : Axion ! car Axion réveille le Blanc.

◁ ▷

BOUVARD

Monsieur Jugnot, voulez-vous expliquer à Mme Balasko en quoi consiste « les Grosses Têtes » ?

JUGNOT

Alors voilà, le petit gros pose des questions, et tu réponds.

MARTIN

On ne dit pas le petit gros, on dit le Gnome. C'est une émission culturelle.

◁ ▷

MARTIN

Vous avez la Légion d'honneur, Paul Guth, ou c'est une tache de tomate ?

BOUVARD

Il est officier du ketchup. C'est un ordre américain.

MARTIN

Ça m'étonne beaucoup que vous l'ayez obtenue alors que Philippe Bouvard... A qui ça irait très bien...

BOUVARD

Et pourtant méritant, hein ?

MARTIN

... Est obligé quand il va en soirée de laisser sortir la pointe de son téton par sa boutonnière et de la passer au rouge.

◁ ▷

JUGNOT à MARTIN

Et, toi, tu les connais, les speakerines ? Elles changent tout le temps de fringues...

MARTIN

Ah, oui, tout le temps. Enfin, le corsage, parce que la jupe toujours la même.

JUGNOT

Elles ont des chaussures ?

MARTIN

Non, pas la peine.

BOUVARD

Elles n'ont même pas de jupe... Elles sont cadrées très haut.

MARTIN

Non, non ! Elles arrivent en slip et elles mettent un corsage.

JUGNOT

Y'en a des bonnes. Elles sont girondes, non ?

MARTIN

Il y en a une qui vient de là-bas.

BOUVARD à ZITRONE

Mais vous, vous les avez approchées, les speakerines ?

ZITRONE

Non, non, pas vraiment. Je passe dans les couloirs, vous savez...

MARTIN

Enfin, quand il passe dans un couloir, personne ne peut le croiser parce que... Quand Zitrone passe dans un couloir, on dit « mince, le métro » !

JUGNOT

Je suis allé une fois à la télé. Il y a des panneaux. « Passage limité à un Zitrone » « Moins de un Zitrone, s'abstenir ».

MARTIN

Il y a aussi « Attention ! Un Zitrone peut en cacher un autre ! »

JUGNOT

Il y a eu des accident à la télé. En ouvrant une porte, un jour Zitrone a écrasé trois speakerines. Elles sont toujours à l'hôpital.

◁ ▷

BATAILLE D'EAU MINÉRALE COMMENTÉE PAR MICHEL DRUCKER

« ... Philippe a l'avantage avec un magnum de Contrexéville. Kersauzon tente de riposter avec une chaise. Mesdames, Mesdemoiselles, Messieurs, quant à moi, je suis sous la table. Mon chien mord Kersauzon au mollet, et « les Grosses Têtes » s'achèvent sur cette bagarre. »

◁ ▷

VIII

Le courrier des auditeurs

LE COURRIER DES AUDITEURS

Le succès des « Grosses Têtes » n'aurait jamais été aussi grand sans les auditeurs qui écoutent bien sûr, mais aussi sans les auditeurs qui écrivent.

Chaque semaine des facteurs, qui doivent être des haltérophiles, déposent à notre station des milliers de lettres. Certaines concernent l'émission, d'autres font aux participants quelques propositions malhonnêtes, mais qui demeurent sans réponse faute d'être assorties de photographies suffisamment attractives.

Une troisième catégorie se réfère à n'importe quoi.

Et puis — c'est quand même l'essentiel — il y a les questions. Elles sont idiotes, inexactes, futées ou enrichissantes. On m'a souvent chicané sur la préférence que je semble accorder aux abonnés. Par exemple à Mme Leprieur d'Agon-Containville, à M. Mikolajek de Reims. Je profite de l'occasion pour dire la vérité.

Je ne les connais ni l'un ni l'autre et je retiens leurs questions (on m'en lit tous les jours une centaine) sans savoir qu'elles émanent de l'un ou de l'autre, en me basant seulement sur la nouveauté, le pittoresque et les possibilités de sketches qu'elles offrent. Alors pourquoi Mme Leprieur ou M. Mikolajek reviennent-ils si souvent à l'antenne ? Eh bien, tout simplement parce que leurs questions sont meilleures et aussi plus nombreuses que celles des autres. Il n'est pas rare que l'un ou l'autre nous envoie cent questions par semaine. Comme ils y consacrent beaucoup de temps, beaucoup de savoir et beaucoup de finesse, ils sont souvent cités. Beaucoup plus souvent qu'ils ne gagnent cinq cents francs, mais il s'agit d'un faux jeu d'argent qui doit à peine rembourser leurs frais d'enveloppes et de timbres.

C'est à la lecture de ce vaste courrier que nous nous sommes avisés qu'il fallait satisfaire toutes les curiosités que nous avions fait naître. Or, quelle plus grande preuve d'amitié et de confiance pouvions-nous donner à ceux qui ont aidé à fabriquer « les Grosses Têtes » que de leur ouvrir les coulisses à double battant ?

Une très jeune auditrice...

Question: Pourquoi vous appelle-t-on « les Grosses Têtes » ?

◁ ▷

Une Berrichonne...

Question aux « Grosses Têtes »: Qu'est-ce qu'un « caqueziau » en patois berrichon ?

Réponse: un moustique.

◁ ▷

Lettre reçue en mars 83.

Monsieur,

Suite à mon émission préférée sur R.T.L., j'avais omis de mettre une formule de politesse dans mon courrier de 73, veuillez m'excuser pour ce retard involontaire de ma part, vu que j'écoute sur mon lieu de travail tous les jours à 16 h 30 chez M. Laxenaire.

◁ ▷

Mardi 14 décembre 1981.

Monsieur Zitrone,

Monsieur,

Lors d'une émission des « Grosses Têtes », vous avez dit... « Dans trois ans, je ne serai plus là. » J'ai supposé que vous craigniez une guerre nucléaire. Ainsi, de par votre intelligence et relations, je vous prierai de me prévenir lorsque la situation sera suffisamment grave pour se mettre en lieu sûr.

Je suis très déçue que vous n'ayez pas reçu ma première lettre, car je m'y exprimais beaucoup mieux.

Je vous remercie tout particulièrement...

◁ ▷

R.T.L.

à l'attention de M. Philippe Bouvard.

Monsieur,

J'ai l'intention de réaliser un projet qui me tient à cœur depuis très longtemps et on m'a conseillé de vous écrire afin d'obtenir votre aide.

Faute de moyens financiers je ne peux passer mon brevet de pilote privé, élément indispensable pour créer une petite compagnie aérienne. C'est pourquoi je souhaiterais votre aide. Mon objectif est de desservir des villes dans un rayon de moins de quatre cent cinquante kilomètres autour de Bourges. Pour réussir, il me faudrait trouver près de 20 000 francs pour passer mon brevet. Dans l'attente d'une réponse à ma requête...

◁ ▷

Monsieur,

Je vous écoute souvent et il ne me semble pas avoir entendu cette question :

— Qu'est-ce qu'un nouveau-né ? ou un bébé ?

C'est vrai que ça demande réflexions et méditations qui ne manqueront pas de vous amuser. La réponse est simple :

— C'est un fruit confit à l'eau-de-vie.

Je m'explique : C'est un fruit que l'on fit à l'eau de la vie.

En espérant que cette question retiendra votre attention et vous amusera...

◁ ▷

Monsieur Bouvard,

Je voudrais vous féliciter pour votre émission et pour vous dire que la Légion d'honneur, vous la méritez pour avoir le courage de supporter M. Martin.

◁ ▷

Question : Qu'est-ce qu'a fait M. Michel Lolito pour être marqué sur le livre des records ?

Réponse : En septembre 78, il a avalé sept kilos de bicyclette PEINTURE INCLUSE.

◁ ▷

— Que prenait tous les soirs avant de se coucher l'empereur François-Joseph ?

— Une tasse de lait caillé.

◁ ▷

Georges Chaulet.

Question : Quel est l'écrivain français contemporain qui détient le record de vente des livres pour la jeunesse ?

Réponse : C'est moi.

◁ ▷

Bonjour, qui a dit : « Jalouses pendant des millénaires, que feront vos dix minutes d'impertinence ? ...Rien. » C'est le vicomte de Kersauzon. Au cas où les « Grosses Têtes » présentes à l'émission ne trouveraient pas la réponse, je vous prie, monsieur Bouvard, d'envoyer la somme gagnée aux œuvres (charitables) du révérend père Martin. Ces cinq cents francs l'aideront à payer ses impôts. Nous exaucerons ainsi son très cher souhait. De la part d'une étudiante qui vous remercie, monsieur Bouvard, d'avoir créé une telle émission.

◁ ▷

Pour Olivier de Kersauzon.

Au secours, mon amour, faut que je travaille à la fabrique, faire des heures de découpage, tu te rends compte, je suis perdue...

Mon amour, viens vite, que je pleure dans tes bras.

Brigitte.

◁ ▷

Cher Jacques Martin,

Je n'ai jamais demandé de photo dédicacée à qui que ce soit. Je vous en demande une, je ne suis pas une adora-

trice, je vous préviens, je suis une jeune grand-mère qui aime votre approche des enfants, votre gaieté à la manière d'autrefois et puis, je descends d'un grand-père lyonnais marchand de cuir, j'ai été mariée à un Lyonnais « rigolo » comme vous, aujourd'hui disparu, qui n'avait pas toujours été marrant. Vous avez gardé la gentillesse et la simplicité des artistes de la Belle Époque, avec de l'esprit, de l'humour et vous êtes, tout en étant marrant, cultivé, nos « rigolos » actuels ne peuvent malheureusement, en général, en dire autant. Souvent, moi, ils me rasent ! Avec toute ma sympathie.

◁ ▷

Extraits de deux lettres destinées à Jacques Martin, même admiratrice.

1) 12-4-83

Mon Jacques chéri,

Je viens de poster ta lettre et d'acheter le journal des « Grosses Têtes ». Tu vis dans un univers si totalement différent du mien — mais la condition reste la même — que tu n'imagines pas ce que ces simples mots recouvrent de courage et de risques. A tel point que j'ai consulté le Seigneur, naïvement, à la manière de saint François, pour savoir si je devais le faire ou pas. Sans que j'aie pu le moins du monde deviner où je posais le doigt, mon missel s'est ouvert sur Luc 24 et sur une illustration des pèlerins d'Emmaüs, que je n'avais jamais regardée ! J'étais médusée et fixée : en avant, marche, je suis avec vous ! Mais, habituée aux façons du Seigneur, je me suis dit : Aïe ! Qu'est-ce qui menace pour recevoir une aide pareille...

(Il y en a comme ça huit pages.)

2) 23-4-83.

... J'espère que dans ton magnifique bureau, tu as un tiroir qui ferme à clef et même peut-être, as-tu mis mes lettres à l'abri. Dans ce cas, tu as tous les renseignements nécessaires pour venir. Je te les redis tout de même brièvement : Abbeville : Carmel, 36, rue des Capucines. Pas de téléphone, à droite des P.T.T. qui sont place Clemenceau. Entre 9 heures et 18 heures, le portail est ouvert. Au fond,

tu frappes à la porte de gauche et tu demandes « sœur Marie Nora », sans plus. Si on te demande ton nom, tu donnes ton nom de famille : « Martin » — Sufficit !!! On te conduira, on m'appellera.

Les horaires S.N.C.F. sont assez commodes. Le trajet se fait en moins de deux heures. Il n'est pas besoin de me prévenir...

Pour le parloir, tu peux aussi arriver dans la matinée, bien sûr. Simplement, prévois assez de temps pour que nous nous sentions pas trop talonnés. Moi, je pourrai me libérer. Il y a beaucoup à faire ! Tu ignores tout de mon univers et moi, du tien. Depuis neuf mois, j'ai essayé de lancer une passerelle afin que nous puissions aller et venir, l'un vers l'autre, tu sais, comme dans ces paysages de Nouvelle-Zélande, des montagnes séparées par des précipices que les indigènes traversent sur des ponts étroits tressés de lianes.

Il nous faudra être discrets à l'égard de tous — sauf les familiers — sur ma présence auprès de toi. Il nous faudra beaucoup d'amour, Jacques ! Une star de la T.V. + une carmélite, cela fait beaucoup de miel pour les mouches, curieux de tous poils et questionneurs de métier. Je suis bien décidée à les éviter tous. Mais, nous serons deux, et avec Dieu, invincibles.

◁ ▷

Envois d'histoires pour Castelli.
De Mme Roger Érisme-van de Walle

Cher monsieur Castelli,

Sachant que vous cherchez des blagues, je vous envoie quelques exemplaires, espérant qu'elles vous serviront...

— A Kinshasa, un Noir se promène, tenant un canard en laisse. Il croise un Blanc qui lui dit : « Quelle idée de promener un singe en laisse... » Le Noir répond : « Mais, homme blanc, vous voyez que ce n'est pas un singe, c'est un canard », et le Blanc rétorque : « Tais-toi, ce n'est pas à toi que je parle ! »

◁ ▷

Monsieur Philippe Bouvard,

Votre émission sur R.T.L. me distrait et m'amuse beaucoup car vos invités sont merveilleux : Martin, avec son esprit et ses chants ; M. Castelli, le débris, comme il joue bien la comédie !...

Je vous adresse une petite histoire grivoise que, peut-être, vous pourrez dire au micro puisque, à l'heure actuelle, on parle beaucoup de ces petits ballons — que sont les préservatifs — en caoutchouc et, en 1982, cela ne choque plus personne.

C'est un citoyen suisse qui mange une « fondue au gruyère » avec une fourchette. Il est entouré de jolies femmes, il boit plus que de coutume. Aussi, lorsqu'il rentre tard à la maison, est-il un peu dans le cirage.

Il a tellement fêté une jolie femme qu'il est très enflé à l'endroit que vous pensez (le sexe). Il va voir son médecin et lui montre « la chose ».

— Qu'avez-vous fait ? interroge le docteur.

— Mais rien, répond le citoyen suisse. J'ai seulement mangé une fondue.

— Eh bien, répond le docteur, la prochaine fois que vous mangerez une fondue, vous mettrez un préservatif au bout de la fourchette.

◁ ▷

Une histoire réservée à M. Castelli.

C'est un gars qui est bègue et qui rencontre un copain qu'il n'avait pas vu depuis longtemps. Content, il lui dit :

— Comment que... que... tu vas.

— Ça va pas mal.

— On dirait que t'as... t'as... maigri !

— C'est parce que je suis ennuyé avec ma prostate. Pour pisser, c'est pas de la tarte !

— Comment ça te fait quand tu... pisses ?

— Eh bien, ça me fait comme à toi quand tu causes.

◁ ▷

Une devinette.

Sachant que trois abbés sont dans un champ à minuit en buvant du gros rouge, donnez la superficie du champ et le prix de l'are.

Réponse :

La superficie : trois sans tiare à minuit ; c'est tard.

Prix : C'est trois soulards : trois sous, l'are.

Sept ares trois centiares et trois sous l'are

◁ ▷

Mon petit Philippe,

Ça fait pas mal de temps que j'écoute ton émission, et je me marre pas mal. Une fois, par hasard, j'ai entendu l'adresse des grosses tronches, et pour m'amuser, j'ai décidé de t'envoyer des questions. Enfin, pour m'amuser, mais c'est aussi pour essayer d'empocher les cinquante tickets.

— Quelle est la seule personne que l'on ne puisse pas voir fermer les deux yeux lorsque l'on se trouve en face d'elle ?

— Soi-même devant une glace.

◁ ▷

Bruxelles le 20-4-82

Très cher monsieur Bouvard,

Quelques mots seulement pour vous demander, à votre émission, d'être plus vigilant, « les Grosses Têtes » dégénèrent. Cela devient une émission crapuleuse. On ne parle plus que de cons et de verge, de cul et d'amour, de ce que l'on fait après l'amour, de ce que l'on ressent pendant, ce que l'on se dit et j'en passe...

On finira par ne plus vous écouter en Belgique.

Voilà, on vous aime bien, mais ne devenez pas un sous-développé.

◁ ▷

Voici une question « professionnelle » que vous pouvez peut-être soumettre à la sagacité de vos « Grosses Têtes » sous cette forme — sans préciser ma profession. Qu'appelle-t-on un « américain » dans le domaine alimentaire ? C'est un sandwich garni avec diverses charcuteries (soit pâtes, jambon, saucisses, merguez) et au-dessus, des frites. Cela se vend dans toutes les baraques à frites du Nord de la France et en Belgique.

◁ ▷

Vous avez tort de vous moquer des juifs et de leur nez. Ils ne sont pas les seuls à avoir un long « pif », il n'y a qu'à voir celui de Stéphane Collaro...

◁ ▷

Lettre en provenance de Namur en Belgique.

... Je pense que l'heure du bilan a sonné. Votre personnalité aurait tout à gagner d'une nouvelle démonstration de votre talent en abordant des sujets plus graves et des pensées plus profondes que ceux et celles exposés aux « Grosses Têtes ». C'est le souhait d'une de vos contemporaines qui ne souffre pas du handicap d'être belge, c'est-à-dire : avoir un accent grotesque, une élocution « merckxienne », un manque d'humour flagrant, car elle bénéficie d'un solide bon sens inhérent à son pays et, qui est de savoir, en toutes circonstances, jusqu'où on peut aller trop loin.

Aux Frères « Grosses Têtes »,

Question : Quelle est la différence entre les prêtres catholiques et les moines boudhistes ?

Réponse : Les moines bouddhistes sont végétariens (sauf les œufs qui leur sont autorisés).

Voici ma photo pour votre journal trimestriel...

Nom : Kong (le dragon allongé).

Prénom : Tou (quatre) Fou (joie)

Sexe : Mâle, très dur.

Age : cinquante-trois environ.

Taille : 1,60 m

Poids : 55 kilos NU.

Profession : Calmeur, charlatan, guérisseur.

◁ ▷

Comment va Jeannot, le mari de Sophie Desmarets ?

Ma petite Sophie, je sens dans votre biographie du journal des « Grosses Têtes » que vous vous ennuyez... Venez passer quelques jours avec moi. Venez, venez vite ! Votre Jeannot est-il toujours occupé ?... Je suis capable de vous faire de bons petits plats...

Amoureusement vôtre...

◁ ▷

Chères « Grosses Têtes »,

Question : Un Malais de vingt-sept ans a été victime d'un curieux accident de baignade alors qu'il nageait à proximité de Kuala Lumpur. Il a ressenti une vive douleur et a constaté la disparition de son organe sexuel.

Que s'était-il passé ?

Réponse (avec à l'appui, extrait de journal) : Il a constaté la disparition de son organe sexuel emporté par une tortue ! La victime hospitalisée se remet... très lentement.

◁ ▷

Question : Que fit George Sand à la mort de sa grand-mère qu'elle aimait beaucoup ?

Réponse : elle la conduisit au cimetière où était enterré son père. Elle ouvrit le caveau et elle embrassa le crâne de son père.

◁ ▷

Monsieur Martin,

Connaissant votre prédilection pour les histoires belges, je ne résiste pas à l'envie de vous en raconter une. Un poisson d'avril « belge » a été exporté en France, dans Nord-Matin, *écrivant qu'une allocation supplémentaire de 1 000 francs pourrait être accordée, par le conseil provincial de la Flandre occidentale, aux Français passant leurs vacances sur le littoral belge, à condition de consacrer cette prime à l'achat de frites !*

◁ ▷

Curriculum vitae d'une auditrice fidèle.

Je ne suis ni grande, ni petite, ni belle, ni laide. Je suis comme ces petits tonneaux que portent les saint-bernard pour ravigoter les personnes enfoncées dans la neige, mais moi, je ne ravigote personne, la preuve, je suis trois fois veuve, ils sont tous les trois morts, épuisés...

Quelques détails supplémentaires : J'ai plusieurs dentiers assortis à la couleur de mes robes, mais bien sûr, si vous venez chez moi, à l'improviste, étant toujours toute nue, sans effets, je serai aussi sans dentier...

◁ ▷

Je vous envoie plusieurs histoires. J'espère qu'elles vous plairont, bien qu'elles soient connes.

1) *Comment font les Belges dans leurs orgies ?*

— Ils échangent leurs poupées gonflables.

2) *Une jeune femme demande à un prêtre : « Mon Père, que pensez-vous de l'amour avant le mariage ? »*

Le prêtre : « Ça ne me gêne pas du tout à condition que ça ne retarde pas la cérémonie. »

3) *Qu'est-ce qu'un optimiste ?*

— Un homosexuel qui, avant de se mettre en ménage avec un autre homosexuel, va chez « Prénatal », commander un landau.

4) *Un monsieur consulte son médecin qui le fait uriner dans un verre. Le médecin examine le liquide près de la fenêtre, le renifle et revient vers son client.*

— Cher monsieur, vous avez du diabète.

— Diabète ? Qu'est-ce que c'est ?

— Cela veut dire que vos urines sont sucrées.

Le client dit alors, l'air torturé :

— Et moi qui croyais que c'était par amour qu'elle me faisait cela, c'était par gourmandise !

◁ ▷

C'était un mercredi matin, j'allais faire mes courses au supermarché. Tout à coup, j'ai eu la surprise de voir deux femmes se rentrer dedans en voiture. Nous étions plusieurs à assister à ce spectacle, et ça nous a vraiment fait éclater de rire. Nous avons fait le numéro 17, aussi ce sont les pompes funèbres qui sont venues sur les lieux. Non police-secours. Vraiment, c'était du tonnerre.

◁ ▷

Le 26 août 1346, les Français furent battus à Crécy par les Anglais. Pourquoi ? Les rats ayant dévoré les cordes des arcs, nos archers ne purent tirer sur la redoutable infanterie anglaise qui possédait de nombreux chats qui ont éloigné les rats.

◁ ▷

Qu'est-ce qu'un glandophile ? Un collectionneur de balles de fronde.

Qu'est-ce qu'un ologiste ? Un collectionneur de coquilles d'œufs.

Qu'est-ce qu'un vitalphiliste ? Un collectionneur de bagues de cigares.

Qu'est-ce qu'un glacophile ? Un collectionneur de pots de yaourt.

◁ ▷

C'est une prostituée qui meurt. Comme elle n'a pas d'héritier, on vend son mobilier aux enchères ainsi que son perroquet. Arrive le tour du perroquet. Le commissaire-priseur dit 100 F à gauche, 180 à droite. Qui dit mieux ? 200 F à la dame, 250 au monsieur... On entend alors le perroquet qui dit :

— 50 F de plus et je me fous à poil !

◁ ▷

Encore et toujours des histoires pour M. Castelli, « Grosses Tête » (de turc) de Philippe Bouvard.

Un plombier a fait quelques travaux chez une dame.

Cinq jours plus tard, la cliente reçoit la facture, l'ouvre, calcule un instant et s'écrie :

— Trois heures ! Le vicieux, il m'a tout compté !

◁ ▷

Trois chiens : un belge, un polonais et un russe sont en grande conversation. Après quelques banalités habituelles (la pluie, le beau temps), ils attaquent le problème de la nourriture.

— Chez moi, dit le belge cela ne va pas trop mal ; il me suffit d'aboyer deux ou trois fois et mon maître me donne de la viande.

— C'est quoi, la viande ? demande le polonais.

— C'est quoi, aboyer ? interroge, ahuri, le russe.

◁ ▷

Lettre d'un mari à son épouse.

Chérie,

Au cours de l'année écoulée, j'ai tenté de te séduire 365 fois. Je n'y ai réussi que 36 fois, ce qui fait une moyenne d'une fois tous les 10 jours.

Voici la liste des raisons les plus fréquentes pour lesquelles je n'ai pas réussi :

Peur de réveiller les enfants	*17*	*fois*
Il est trop tard	*23*	*—*
Il fait trop chaud	*15*	*—*
Il fait trop froid	*5*	*—*
Il est trop tôt	*15*	*—*
Tu faisais semblant de dormir	*45*	*—*
Fenêtre ouverte, les voisins peuvent entendre	*9*	*—*
Mal de dos	*8*	*—*
Mal de dents	*7*	*—*
Fou rire	*7*	*—*
Trop mangé	*3*	*—*
Ça ne te tente pas	*1*	*—*
Le bébé pleurait	*9*	*—*

Tu as regardé le dernier film à la télé 7 —
Tu te fais un masque 4 —
Nouvelle coiffure 3 —
De la visite dans la chambre à côté 5 —
Il te fallait aller dans la salle de bains 11 —
Mal de tête 19 —

Au cours des 36 fois où j'ai réussi, l'action n'a jamais été satisfaisante parce que :

Tu as suivi le programme de la télévision par-dessus mon épaule. 2 *fois*
Tu as décidé que le plafond avait besoin d'être repeint. 4 —
Tu as mâché des pastilles de gomme tout du long. 5 —
Tu m'as dit de me dépêcher d'en finir. 18 —
J'ai dû te réveiller pour te dire que c'était fini. 6 —
J'ai eu peur de t'avoir fait mal parce que je t'ai sentie bouger. 1 —

Ton mari aimant.

◁ ▷

Claire,
78340 — Les Clayes-Sous-Bois.
A l'attention de l'équipe des « Grosses Têtes ».

Messieurs,

Pénélope, Laërte, Ulysse ne pouvaient pas penser qu'ils seraient à l'origine d'une contravention, et moi non plus. Mais c'est ce qui est arrivé et c'est sur la suggestion du contrevenant que je vous écris.

En effet, je roulais tranquillement sur la route des vacances le 1er juillet à 17 h 55, et que faire quand la route est agréable et que le soleil et l'eau sont au bout de ce chemin que d'ajouter un moment encore plus agréable et que d'écouter « les Grosses Têtes » ? C'est ce que je fis. Hélas ! après quelques minutes je ne vis pas se dresser devant moi vos si amusants compagnons mais deux gendarmes qui me faisaient des signes désespérés, alors que j'étais en pleine Odyssée *et que je recherchais comme vous le beau-père de Pénélope.*

Je m'arrêtai donc et un gendarme qui, heureusement,

appréciait votre émission me dit en riant de vous écrire et de vous faire savoir que j'avais brûlé un feu, car comme j'avais l'oreille « collée sur la radio », l'œil n'était plus aussi vigilant.

Ce gendarme, après vérification d'usage et toujours souriant, me dressa contravention justiciable d'un timbre amende de 150 F.

Que nous étions loin d'Homère ! Et moi je voyais fondre mes économies pour les vacances.

A bientôt j'espère sur l'antenne et bonnes vacances à vous tous.

◁ ▷

Christine,
39360 — Vaux-les-Saint-Claude.

Cher Philippe
et chères « Grosses Têtes »,

Je vois que vous allez bien rien qu'à vous écouter dans votre émission. Voici ma question : Que veulent dire les deux mots « Good girl (boy) ». Bon, c'est facile, mais si vous ne trouvez pas la réponse la voici :

« Good gril » veut dire « bonne baiseuse ».

Je vous écoute car je suis une fidèle auditrice de R.T.L. Mes amitiés à toute l'équipe de R.T.L. Grosses bises à tous, même au directeur que je salue. A bientôt.

Passez ma question avant le 8 septembre, car c'est la rentrée après. Si je perds pourrais-je avoir une photo dédicacée de tous ceux qui travaillent sur R.T.L. ainsi qu'une photo de toutes « les Grosses Têtes ». Car R.T.L., c'est génial et j'ai pas souvent de chance.

◁ ▷

Bernard Bick.

Question : Quelle est la définition du baiser ?

Réponse : C'est un appel au premier étage pour savoir si le rez-de-chaussée est libre.

◁ ▷

Question : Comment appelle-t-on l'état dans lequel sans être à proprement parler malade, on éprouve différents troubles, notamment un sentiment de faiblesse générale, d'inaptitude au travail, de vertige et aussi des nausées ?

Réponse : cela s'appelle un malaise.

◁ ▷

Question : J'ai passé mon permis de conduire en 1974 et je m'en souviendrai toute ma vie. Pourquoi ?

Réponse : Ma date de naissance est le 24-08-1946 et mon numéro de permis de conduire est n° 240846. Quel curieux hasard, non ?

◁ ▷

Marie-Catherine,
83990 — Saint-Tropez.

Je suis réunionèze étan marié à un vrai français bien blanc.

Ma belle mère et handicapé des deux jambes coupé duabètte. Mon épou tonbe subitement malade a 52 ans émoraji cérébrale il avai perdu la vue. La retrouve. D'apret vous qui lui a ofer un voyage à Lourdes. Mon épou tous amis le lessé tonbé dans le Var com ayeur. Il écrivi o pape Jean-Paul II com a un curé, com cherché une éguille dans une meule de foin. Bien le pape lui paya du 10 juillet au 16 juillet 83 un séjour à Lourdes en malade du pélerinage qui fi avec diocèse de Toulon et moi avec que je gagne. Mon épou a retrouvé un peu la vue.

Mon épou travayer com maçon pour la cliente Brigitte Bardot afaire une cloture asa nouvelle propriété à Capron. Il reçu un coup de fusil car des riverin ne voulé cette péche-

resse qui èm les animeau, déteste les gent puis quelle ne lui apa porté cecour. Elle été o courant.

◁ ▷

J. M.
5000 — Namur.

Monsieur Bouvard,

Depuis plusieurs mois je devais vous écrire pour vous exprimer mon indignation, mon dégoût devant les attaques méchantes de certains animateurs de médias envers les Belges.

« Plus français que les Français eux-mêmes »... écrit le Général Ludendrof dans ses Mémoires, *en évoquant l'attitude des Wallons dans l'Histoire, nous sommes profondément déçus en constatant que les Français, si spirituels cependant, copient nos histoires sur les « nordistes » en les mettant à la sauce belge.*

Tous ces pauvres informateurs nous font un tort considérable surtout sur le plan moral. Des exemples :

1) Le 29 mai dernier à Lisieux — premier arrêt d'un voyage pour nous rendre à un congrès d'ex-prisonniers de guerre en Charente, gais Lurons, nous chantons des airs français et wallons, ambiance folle, très appréciée notamment par le personnel hôtelier ; je suis responsable du groupe d'Anciens ; une serveuse s'approche et me dit : « Monsieur, vous êtes belge, pourquoi parlez-vous français ? » La bonne petite n'a eu qu'un recours : s'enfuir à l'office...

2) Le lendemain, à Avranches, je raconte ce petit intermède à un brave de la région qui subitement s'exclame : « Mais oui, pourquoi ne parlez-vous pas le belge ? »

Et ceci me rappelle qu'en Prusse-Orientale où je fus prisonnier avec un autre Namurois et un Bordelais, ce dernier, après deux ans de vie en commun — travail, repas, logement —, nous demanda : « Mais pourquoi parlez-vous toujours français et non belge ? » Inutile de vous dire que le p'tit gars a failli se faire démolir...

Pourquoi me suis-je adressé à vous ?

Vous considérant comme un homme juste, équitable, ayant beaucoup d'ascendant, je voudrais, je souhaiterais tant modérer les histoires innocentes, peut-être, mais qui nous font énormément mal à nous, surtout les francophones qui n'ont pas besoin de changer leur « accent ».

Un de mes frangins de Paris à qui je faisais part de mon étonnement devant le nombre de panneaux : « frites, boissons, W.-C. » en Bourgogne, Haute-Marne, Meurthe-et-Moselle, me répondit : « Bin, c'est la route des Belges... »

Or, cette année nous sommes passés par la Normandie, Bretagne et toujours mêmes publicités, et cette fois je lui ai dit : « Mais alors les Belges vont dans toute la France. »

A présent une petite « revanche ».

Lors d'une prochaine émission des « Grosses Têtes » voulez-vous bien leur demander : « Pourquoi les autoroutes françaises ne sont-elles pas éclairées ? Ce serait inutile. Tous les Français se prennent pour des lumières... » Sans rancune.

Tout en restant fidèle à vos émissions, je vous prie de croire, monsieur Bouvard, à l'assurance de mes meilleurs sentiments.

◁ ▷

Section 4,
Maison d'arrêt de Loos,
2, avenue du Train de Loos,
59374 — Loos, Cedex.

Cher Phil,

Cela fait deux mois que je suis incarcéré à « L'hôtel des Amériques » de Loos-Angeles et que par la même occasion j'écoute « les Grosses Têtes » qui est une émission que j'aime beaucoup pour son humour et qui me fait oublier pendant ces deux heures mon incarcération.

J'aime beaucoup Olivier de Kersauzon, Léon Zitrone, André Gaillard, les autres et toi-même justement parce que vous me permettez de m'évader pendant les deux heures des « Grosses Têtes ».

C'est pourquoi je te propose, ainsi qu'à ta fine équipe, trois questions en espérant qu'une au moins passera sans trouver réponse afin d'arrondir mes fins de mois. J'aimerais, cher Phil, si je gagne à l'une de ces questions et si en plus de la somme d'argent gagnée grâce à cette dernière, j'ai droit à un disque ou une cassette des « Grosses Têtes » ou mieux encore à une montre R.T.L., qu'on fasse tout parvenir à ma concubine.

◁ ▷

Questions :

1. Paris est le centre de toutes les cultures. De qui est cet hommage ?

Du général allemand von Chottiz, justifiant ainsi pourquoi il s'était refusé à détruire Paris en 1944.

2. Dans quelle ville d'Australie se trouve l'édifice dont la construction a été la plus chère du monde ? Et quel est ce bâtiment ?

Sydney. L'Opéra de Sydney a été construit sans murs et tout en toits.

3. Combien de temps le roi Umbertc II régna-t-il sur l'Italie ?

Le roi Umberto II a régné trente-cinq jours.

◁ ▷

Monsieur Bouvard,

En temps que homme libre et démocrate, j'écoute depuis longtemps vos émissions « les Grosses Têtes » soi-disant culturelles. Je tiens à vous prévenir que votre émission est débile, fasciste, démagogue et, etc., avec Patrick Sébastien, Martin, Yanne, Kersauzon et j'en passe, mais surtout vous-même. Donc il est temps de cesser d'occuper R.T.L. pendant 1 h 30 chaque jour pour écouter vos conneries. Je vous donne sept jours pour arrêter cette émission, sinon je m'engage à vous faire tous sauter avec le plastic ou le 7.65. Vous êtes bien prévenu, donc prenez vos responsabilités dès à présent.

Un homme libre, français, démocrate et antifasciste.

◁ ▷

Maryline,
91600 — Savigny-sur-Orne.

Cher monsieur Bouvard,

Bien que fan du vicomte-amiral Olivier de Kersauzon, le caractère rude de ce navigateur breton nous retient de lui écrire directement.

C'est à vous que nous adressons notre S.O.S. (n'y voyez là aucune allusion à la triste situation aquatique de votre ami) en espérant que sa réalisation ne sera pas trop difficile.

Auditrices quotidiennement passionnées de votre heure et demie d'émission aussi irrésistible qu'intelligente, acheteuses impénitentes de vos disques, allant jusqu'à prendre en sténo quelques-uns des meilleurs moments, nous sommes, malgré tout, un peu frustrées de n'avoir que la voix de votre noble marin !

Réduites à consommer des centaines de biscottes Jacquet (dont j'ai horreur) pour obtenir une pâle photo au dos du paquet ou à fouiller les poubelles de l'immeuble en quête d'interviews dans les magazines, notre persévérance mérite bien sa récompense : deux photos du vicomte (nous sommes deux sur l' « *affaire* »*) dans une pose que ses ancêtres ne renieraient pas, ainsi que deux photos de toute votre joyeuse équipe !*

A l'avance, je vous remercie de votre « *courageuse* » *demande...*

◁ ▷

Pavillon B,
Hôpital Sainte-Anne,
1, rue Cabanis,
75014 — Paris.

Cher monsieur Léon Zitrone,

Je me permets de vous écrire pour vous dire que je suis bien soigné, mais que le confort est très relatif. Je souhaite-

rais avoir un appartement en région parisienne (Logement thérapeutique). C'est certain que les médicaments donnent une certaine somnolence, très désagréable, mais on ne peut s'en passer pour multiples raisons. Je remercie toute l'équipe et souhaiterais avoir une montre R.T.L. si vous le pouvez. J'ai connu Max il y a un bout de temps. Il est très efficace. Anne-Marie elle aussi fait tout son possible. J'aime bien « les Grosses Têtes » (Olivier de Kersauzon, Bouvard, Fabrice). Je suis bourré de neuroleptiques, tranquillisants, barbituriques. Mme Noëlle est la directrice de Sainte-Anne. Moi je suis en placement libre. La C.F.D.T. Sainte-Anne et F.O. font grève et sont contre la direction et M. Bérégovoy. Seule la C.G.T. travaille normalement. Je suis auditeur depuis longtemps. Mme Tabouis (la famille Duraton) quand j'étais enfant dans le Pas-de-Calais (1962).

◁ ▷

IX

« Les Grosses Têtes » s'expliquent...

LES GROSSES TÊTES S'EXPLIQUENT

Il est rare qu'une émission de radio ait apporté autant à ceux qui, ne faisant pas une carrière radiophonique, ont néanmoins accepté d'y participer : la popularité, une image de marque meilleure, une réputation de savoir encyclopédique. Ainsi a-t-on découvert un Jacques Martin dont on ne soupçonnait pas l'érudition ; un Jean Dutourd aussi savant que Pic de La Mirandole et aussi porté sur l'humour qu'Alphonse Allais ; un Léon Zitrone débarrassé d'une solennité qui avait fini par lui tenir lieu de caractère et même — il me faut bien citer celui-ci pour être complet — un Philippe Bouvard parfaitement capable de se laisser mettre en boîte et d'être le premier à rire des mauvaises et des bonnes plaisanteries faites en public sur son compte.

Les moralistes noteront sans doute quand ils écriront l'histoire des médias de ce dernier quart de siècle que « les Grosses Têtes » ont constitué une entreprise salutaire de déboulonnage d'idoles. Le grand studio étant trop bas de plafond pour qu'on puisse y pénétrer avec son piedestal, les personnalités qui ont accepté mon invitation en sont sorties diminuées et grandies à la fois. Diminuées par la raillerie, grandies par le front serein qu'elles lui ont opposé.

Chemin faisant nous avons fait les uns et les autres bien des découvertes techniques et humaines. J'ai personnellement glané une érudition bon enfant, sans prétention mais tous azimuts et qui finit par m'accompagner en dehors des heures de travail.

Sans « les Grosses Têtes » il ne m'arriverait pas de briller parfois dans des dîners ou des soirées auxquels je me rends. Cela dit, la culture n'est plus chez nous en 1983 ce qu'elle était en 1976.

Son alibi tend à s'estomper faute d'un renouvellement du patrimoine spécialisé et en raison d'une surenchère dans la gaudriole qui constitue depuis longtemps notre vrai folklore. Le plus précieux atout des « Grosses Têtes » réside donc sans doute aujourd'hui dans les rapports de force établis entre les différents participants.

Un phénomène à base de caractères plus ou moins bien trempés, et d'arguments plus ou moins vraisemblables.

Ainsi sont nées des personnages boycottés des idées reçues qui servent de fil rouge à d'innombrables canevas :

— La sœur de Castelli.

— Les naufrages de Kersauzon.

— La vie intérieure bruyante de Jugnot.

— La faillite du syndicat d'acteurs présidé par Ceccaldi.

— Le physique décharné de Sim.

— Mes soirées au bois de Boulogne.

Mais voyons le détail s'il vous plaît :

La vraie sœur de Castelli (je n'ai jamais réussi à savoir si elle vivait en province, dans un hospice parisien ou si elle végétait dans un bocal de formol) étant invisible et le public la réclamant de plus en plus sur l'air des lampions, j'ai fini par trouver une sœur adoptive de bonne composition.

Je l'avais remarquée dans une publicité télévisée où elle vantait les mérites d'un produit à récurer en glissant mollement sur une toile cirée bien propre. Comédienne de profession et auteur de sketches, Marie-Pierre Casey accepta volontiers de jouer le rôle de Mlle Castelli. Bien que sa laideur fût différente de celle de son pseudo-frère, tout le monde n'y vit que du feu et le couple fut réuni à l'antenne plusieurs fois.

Même phénomène pour les naufrages de Kersauzon : là ce n'est pas moi qui m'en occupai mais les vents contraires. A partir du jour où nous commençâmes à brocarder les difficultés qu'il paraissait avoir dès qu'il quittait la terre ferme, l'infortuné Olivier — excellent marin au demeurant — ne se classa plus que dans les derniers ou avant le premier en revenant au port quelques heures seulement après en être parti.

Pour Jugnot, les auditeurs qui ont un peu d'oreille savent à quel point ce jeune comique à la calvitie précoce est capable d'offrir au micro les bruits naturels qu'on réserve d'habitude à l'intimité.

Ceccaldi a bien été président d'un syndicat d'acteurs. Ce syndicat a effectivement fait faillite. Mais il n'a jamais été prouvé — contrairement à ce que nous avons affirmé à l'antenne — qu'il avait payé ses notes de tailleur avec les cotisations de ses adhérents.

Le physique décharné de Sim ? Sa balance est plus éloquente que n'importe qui sur ce sujet : 51 kilos tout mouillé, mais qu'il emploie au mieux à la fois dans sa vie privée et dans son existence professionnelle.

Quant au présentateur de l'émission, il a très longtemps traversé le lieu géométrique des grandes turpitudes nocturnes dont on l'accusait d'être l'un des plus beaux ornements, non pour des transports amoureux mais pour des transports automobiles qui le ramenaient chaque soir chez lui, lorsqu'il habitait la banlieue ouest.

Ainsi fabrique-t-on des réputations.

Et maintenant qu'en pensent les intéressés ?

Que leur ont apporté « les Grosses Têtes » ?

Un instant de vérité qu'ils n'avaient jamais consenti jusqu'à présent.

◁ ▷

OLIVIER DE KERSAUZON

« Je n'ai pas conscience de jouer un personnage aux « Grosses Têtes ». Je suis naturel. Je ne suis pas un comédien, moi, je fais de la radio pour des raisons exclusivement financières, sinon, je n'en ferais pas. Je le fais parce que ça se fait en bonne compagnie. C'est parfois drôle. De plus, j'aime vraiment Martin et Bouvard. Il y a aussi des gens que je n'aimais pas beaucoup et avec lesquels je m'entends mieux maintenant, comme Zitrone. Bref, c'est une émission assez marrante dont l'énorme avantage est de n'être jamais préparée.

Même pour 2 millions de dollars, je n'irais pas faire un gala. Moi, je viens à R.T.L., je fais deux heures de conneries à mon rythme à moi. Il y a des jours où je suis de bonne humeur et des jours où je dors. Je n'ai aucun numéro. J'invente tous les jours ce qui me passe par la tête et ce qui m'amuse de faire.

Jugnot m'agace vraiment et un jour, il n'est pas sûr que je ne lui en tire une. La présence d'une femme me stimule à condition qu'elle soit belle. J'adore faire « les Grosses Têtes » avec Sophie Desmarets que je trouve intelligente, belle, raffinée, vraie, complète. C'est une femme formidable. J'adore ce personnage qui a beaucoup de recul vis-à-vis de ce métier et qui n'a pas une mentalité de saltimbanque. C'est une dame bien élevée, capable de rire et même de sourire devant des grossièretés, ce qui n'est pas facile. J'aime essayer de faire rire ce genre de femme. Mais seulement en dehors de celle-là, il existe énormément de « boudins » : rien qu'à les voir j'ai envie de sortir.

J'adore Martin. D'abord, c'est un ami depuis très longtemps. Ensuite je n'ai pas l'amitié facile. Je ne me lie pas facilement avec les gens. C'est grâce à lui que je suis entré dans cette émission. Le jour où il est là, je peux me permettre de ne rien dire pendant toute l'émission, et celle-ci est faite quand même.

J'ai un très bon souvenir des « Grosses Têtes », c'est le jour où on s'est retrouvé cinq au lieu d'être quatre et où Philippe n'a pas pu poser une seule question. Il y avait Jean Yanne que je trouve formidable, avec lui, on rit au deuxième degré. Il y avait Le Luron aussi en grande forme et Castelli.

On ne me reconnaît pas dans la rue, heureusement. J'ai horreur d'être abordé, dérangé dans ce que je fais, et ce que je pense. Les gens me foutent la paix... Avec la gueule que j'ai !

Une seule fois, j'avais pris un taxi pour aller à Orly... pour ensuite m'envoler vers Brest — et le chauffeur m'a reconnu à la voix.

J'ai toujours considéré l'émission comme je l'ai faite. N'importe quoi ; n'importe quand, tant que ça restait à peu près drôle, de préférence pas trop vulgaire. Descendre systématiquement en dessous de la ceinture ne m'amuse pas. Ce qui fait le comique, c'est le décalage par rapport à la réalité, c'est une sorte de surréalisme de l'appréhension des choses. Tout prend une autre teinte, une autre couleur. C'est de là, à mon avis, que naît le comique. Celui qui naît du pipi-caca ne m'amuse pas tellement.

Je me fous du public. Pour moi, l'émission serait meilleure s'il n'y avait personne. Ça m'amuse de faire rire Bouvard parce que faire rire Bouvard, c'est pas quelque chose d'obligatoire et de facile. J'aime bien Philippe, le personnage, son professionnalisme. Je trouve qu'il a un certain sens de l'amitié, que je considère comme précieux.

Sim — c'est méchant — me fait un peu pitié ! Pour se renvoyer la balle, il faut jouer de la même manière, être dans la même catégorie... et Sim... Il joue en dessous. Cela dit, je l'aime bien. Je le trouve attendrissant.

Pour moi, c'était un voyage de venir là et de faire de la radio. Peut-être le voyage commence-t-il à s'achever... Je sais que je ferai de la meilleure radio tout seul, c'est-à-dire avec des gens que j'aime bien, qu'il m'amuse de séduire par le rire. Faire rire quelqu'un, c'est une formidable complicité. Quand quelqu'un me fait rire, je reçois ça comme un cadeau. Quelqu'un qui rit, c'est magnifique. »

◁ ▷

JACQUES MARTIN

« Je suis le principal antagoniste de Philippe. C'est moi qui ai lancé la mode d'aller l'attaquer dans son coin. Je joue un peu le personnage de Scapin dans la comédie, celui qui fait avancer ou reculer l'histoire.

Toute l'émission est entièrement fondée sur le principe de l'improvisation. Aussi son succès dépend-il des invités du jour, des circonstances qui peuvent être différentes, ainsi que de l'humeur de chacun.

J'ai grand plaisir à faire cette émission quand il y a Yanne parce que pendant des années, on a travaillé ensemble. Ainsi, je le retrouve. Quand il est en forme et réveillé, j'apprécie également Olivier de Kersauzon.

Un de mes meilleurs souvenirs, ça a été le duo que j'ai improvisé avec Michel Legrand. A cette émission se trouvait aussi Valérie Mairesse.

La présence d'une femme est à mon sens indispensable.

Je tiens à préciser que les flèches que nous nous envoyons mutuellement ne sont jamais méchantes. Il faut les prendre au deuxième degré. Et puis, de toute façon, à partir du moment où l'on se moque des autres, il faut accepter que l'on se moque de vous. »

◁ ▷

PHILIPPE CASTELLI

« Si je devais définir mon personnage, je dirais que c'est celui du « battu-battant ». Celui qui est battu — très gentiment, d'ailleurs — mais celui qui sait répondre. Attention, ce n'est pas le souffre-douleur, il ne s'agit pas de tomber dans la pitié. Ce n'est pas le clown triste.

J'aime beaucoup Kersauzon, j'aime beaucoup le personnage et son don d'improvisation. J'ai un peu de mal à dialoguer avec lui parce qu'il a la faculté de répliquer très vite et moi pas du tout. Il le sait bien d'ailleurs. De plus, comme il n'a pas une élocution parfaite, je n'entends pas la moitié de ce qu'il dit.

Jugnot, c'est la même chose. Les gens comme moi qui parlent très lentement comprennent difficilement les gens qui parlent très vite.

Je n'établis aucun rapport de force avec eux, c'est peut-être là où se situe ma force.

Mon enterrement dans les galas représente ma plus grande performance.

Je suis pris d'un malaise simulé. Je sors de scène, le front dans la main et Philippe Bouvard dit aux spectateurs : « Ce que nous avions pris pour un malaise passager est, hélas ! un décès, et Léon Zitrone sur fond d'orgues fait mon éloge funèbre. J'entre en scène dans une sorte de chario-cercueil — ce qui n'est pas du meilleur goût et qui me fait un peu peur —, enfin, maintenant, j'ai l'habitude. On m'entoure de cierges allumés, on me met des tas de plantes vertes sur le ventre, on m'arrose à coups de Vittel ou de champagne, la bouteille représentant le goupillon... Sim me mord les doigts de pied. Moi, je suis très bien dans ma caisse, comme on me met des petits coussins, ça me repose. »

J'adore quand on s'envoie des trucs à la figure. Je me souviens d'une tarte à l'ananas offerte par un brave monsieur au théâtre de la Porte-Saint-Martin. J'ai toujours aimé le côté Guignol — bien qu'il ne soit pas radiophonique.

Notre popularité est grande auprès des chauffeurs de taxi, puisqu'ils écoutent sans arrêt la radio. Mais les particuliers nous reconnaissent aussi. Je me souviens très bien que, ayant été dîner chez des amis, je cherchais un taxi. Il était assez tard dans la nuit. Il y a une voiture particulière qui s'est arrêtée. Ils m'ont dit : « Ah ! monsieur Castelli ! Qu'est-ce que vous faites ? Vous cherchez un taxi ? — Oui, j'en trouve pas. — Eh bien, on vous ramène. C'était toute une famille et ils m'ont ramené chez moi... C'est formidable !

Être « maltraité » aux « Grosses Têtes » ? Au début, ça m'agaçait un peu, mais avec l'habitude, c'est passé au stade supérieur, c'est-à-dire par-dessus la tête. A ce sujet, beaucoup d'auditeurs m'écrivent en me disant : « Ne vous laissez pas faire. »

◁ ▷

SIM

« Les Grosses Têtes » ? C'est comme une réception chez vous, il faut mettre tout le monde à l'aise, il faut que tout le monde s'exprime.

Cependant, pour que l'émission ait de l'impact, elle a besoin de grands numéros. Les grands numéros à deux, c'est de la commedia dell'arte. L'émission ressemble aussi à un match de tennis. Il y en a un qui lance sa balle sous forme réplique. L'autre le reçoit et la relance. Le match s'installe. C'est pour ça que je trouve très important d'avoir des complicités ! Si vous sentez que votre partenaire va partir dans quelque chose d'important, il ne faut pas l'ennuyer. Si vous sentez qu'il va faiblir, alors il faut l'aider.

J'ai toujours travaillé seul, je suis un solitaire. Mais j'aime beaucoup Ceccaldi car c'est quelqu'un de bien élevé. J'adore Kersauzon mais on n'a pas encore trouvé le moyen de faire un numéro ensemble.

Martin : c'est un one man show formidable, mais un

peu trop enfermé dans ses idées. On a une complicité toute nouvelle : « l'École des fans » où lui fait son propre rôle. C'est l'un des grands moments des galas.

Je suis heureux dans tous les galas des « Grosses Têtes » car maintenant nous avons tous trouvé nos styles.

Ce que je fais dans l'émission c'est un peu le trou normand : une invention formidable de la gastronomie, tellement insolite que ça repart tout de suite derrière. On a tous des points de repère, c'est rassurant pour nous, le public les adopte, ça fait partie de notre complicité.

Castelli : On joue sur sa nonchalance. Moi, c'est sur mon physique, mon côté faux don juan. A un certain moment, Philippe me dit : « Votre gueule, vous savez franchement... » Et, moi, je me mets à chanter : *Quoi, qu'est-ce qu'elle a ma gueule ?* à la façon de Hallyday. J'ai changé un peu les paroles. Je chante ça comme un rocker, je m'écroule sur la scène. Après, j'ai un exercice de diction : *L'Évadé du Nevada,* que j'ai appris à Zitrone.

J'ai été bruiteur. Quand j'imite le train, c'est carrément le T.G.V. qui passe sous le chapiteau. J'imite des combats aériens...

Un jour, Philippe m'a piégé au cours d'un gala. Il m'a dit : « Bon, vous savez faire le train, vous faites le bébé de temps en temps. Vous allez nous faire le bruitage d'un bébé qui se trouve dans un train sous les bombardements. J'ai pris le micro entre mes mains, je me suis mis à souffler dedans. J'ai fait le train, le bébé, les avions.

J'ai entendu la salle applaudir comme jamais je n'avais entendu applaudir, et maintenant je l'utilise dans mes galas.

Vous voyez l'affiche des « Grosses Têtes » : « Ha ! ha ! les cons... » C'est tout à fait ça. Dans le langage populaire, ce n'est pas une insulte. Quand on me croise dans la rue : « Ah ! ce qu'il est con. » C'est ça. Cela veut dire : « Ce qu'il nous a fait marrer. » Dernièrement, un type m'a rencontré à la sortie d'un restaurant. Il avait un bébé de trois mois sur les bras. Il m'a dit : « Ah, ce que vous me faites marrer... Mon gosse vous adore. Il se marre. » J'ai dit : « Écoutez, quand même il me semble un peu jeune.

— Si, si, il aime " les Grosses Têtes ". Bien sûr, ce n'est pas ce que vous dites qui le fait rire puisqu'il ne comprend pas ; non, il se marre quand il me regarde en train d'écouter " les Grosses Têtes ". »

Il a terminé en me disant : « Il y a deux choses qu'il aime : *Les Animaux du monde* à la télé — à cause des singes — et vous tout de suite derrière. »

Un jour, j'ai inventé une phrase concernant Philippe, depuis d'autres l'ont reprise. J'ai dit : « Philippe est tellement petit que l'autre jour quand il est monté dans sa voiture et qu'il a mis sa ceinture de sécurité, il ressemblait à Moshe Dayan. »

Les gens adorent qu'on se foute de nous-mêmes et qu'on ne se vexe pas. L'enterrement de Castelli est un numéro en constante évolution. Philippe m'a dit : « J'aimerais que vous fassiez la veuve, que vous vous trouviez une mantille. »

Ce numéro sur Castelli fait beaucoup rire, on met Castelli dans une poubelle, on le recouvre de plantes vertes qu'on a piquées dans le décor. Sous prétexte de goupillon on lui balance une bouteille de Vittel. L'eau gicle. Comme on lui a enlevé ses chaussures et que ses deux pieds dépassent, j'ai eu une idée très saugrenue et que je regrette beaucoup maintenant, mais qui fait hurler de rire.

Je prends une chaussette de Castelli et je pleure dedans. Est-ce dû à la fatigue de deux heures de spectacle ? Le fait est que j'ai ressenti une drôle d'impression : les chaussettes de Castelli transpiraient autant que ses pieds. Je m'évanouis et je tombe raide sur la scène, les gens, qui ont compris pourquoi je tombe, rient. Maintenant, je suis obligé de faire ça à chaque gala. Aussi ai-je conseillé à Castelli de ne plus mettre de chaussettes de laine, cette matière retenant particulièrement les odeurs désagréables.

A chaque émission, j'ai l'impression que nous sommes dans un avion et qu'on va être jetés en parachute. Bouvard, c'est le chef de section qui nous dit : « Go ! »

On se lance dans le vide, le vide étant l'improvisation avec l'angoisse de la réussite de son coéquipier. Il faut attaquer vite, tout de suite et très fort.

Philippe a été pour moi un déclenchement ; on pensait que je n'étais qu'un visuel, un grimacier. Il a été l'un de mes moteurs principaux, un coup de starter après vingt-cinq ans de métier. »

◁ ▷

JACQUES BALUTIN

« Je suis parti sur un personnage d'ignare, de type qui ne savait vraiment rien. Lorsque je suis entré aux « Grosses Têtes », il fallait trouver un créneau pour pouvoir durer. J'avais pris le parti du garçon inculte et qui trouve tout par le plus grand des hasards. Je trouvais les bonnes réponses par une déduction idiote en essayant de dire le plus grand nombre de bêtises possibles.

Ce qui ressort de l'émission quand on l'écoute dans la voiture, c'est une espèce de conflit. Philippe remet de l'huile sur le feu avec grand plaisir. Les gens m'en parlent dans la rue en me disant : « Dites donc, Zitrone qu'est-ce que vous lui mettez ! » Et ce pauvre Castelli, tout ce qu'on lui fait... Ils y croient vraiment.

J'ai un peu remplacé Lefebvre. J'aime bien travailler avec Martin. J'adore Yanne, son humour me fait mourir de rire. J'aime bien Zitrone ; il est facile à aligner.

Je n'ai jamais eu droit au cirque, au grand spectacle sous le chapiteau. Mais l'émission change continuellement. Quand je ne viens pas pendant très longtemps parce que je travaille, et que je reviens, c'est une autre humeur.

Avec Dutourd, Philippe n'arrêtait pas de nous pousser pour qu'on fasse la lettre de Madame de Sévigné à sa fille Madame de Grignan. Après, j'ai rencontré des gens du Maghreb qui m'insultaient. A l'époque, je me suis dit que jamais je n'allais pouvoir remettre les pieds au Maroc.

Mais tout a bougé à partir du moment où Kersauzon est arrivé. C'est une autre forme, une espèce de délire qui part dans la folie. Quand Martin et Kersauzon sont là tous les deux, il y a un nombre très restreint de questions que pose Philippe.

Je l'ai su bien avant Philippe que l'émission était populaire. Lui a été surpris le jour où il a bourré cinq mille personnes sous un chapiteau.

J'étais parti en tournée dans le Nord, et j'étais étonné car les gens ne me parlaient que de ça. Et même maintenant où je ne suis plus très présent à l'antenne, les chauffeurs de taxi ne me parlent que de ça.

Hier encore je promenais mon chien et il y a un type qui a dit à sa femme en me regardant : « Mais il n'a pas une si grosse tête que ça ! »

On fait attention quand il y a une femme, parce que ça part facilement dans la culotte en dessous de la ceinture. Quand c'est une dame que je ne connais pas, alors je vais sur la pointe des pieds pour ne pas la choquer. On n'ose pas trop la charrier parce qu'on ne veut pas la blesser. Quand c'est Sapritch c'est un pléonasme, car si elle n'était pas charriée, dans le métier elle n'existerait pas. »

◁ ▷

ROGER CAREL

« Le personnage que me fait jouer Philippe, est un personnage « aux accents ». Je suis capable de prendre une grande diversité d'accents. A la surprise générale, j'interviens avec des voix de Chinois, de Martiniquais, de Gabonais ou bien encore de Russes. Je m'amuse également à parler dans des langues imaginaires. Je le fais quelquefois avec Zitrone.

Avec Martin, c'est le délire qui s'installe. Comme on a été élevés tous deux chez les bonspères, on part dans le côté ecclésiastique. On joue de vieux prélats absolument déments. On a des séquences en latin, on va même jusqu'à chanter des cantiques.

Nous avons tous une image auprès du public. Pour Castelli, c'est celle de l'éternel bafoué. Parce que, physiquement et vocalement, il correspond à ça. Il a une mollesse dans le débit telle qu'il impose l'image du vaincu dès le départ. Si on a l'air de le martyriser quelque peu, c'est pour faire mieux encore passer son personnage de pauvre hère.

Il n'y a pas assez de femmes aux « Grosses Têtes. » Peut-être parce qu'elles sont plus pudiques que nous. C'est très difficile au départ de mettre une femme à l'aise, d'abord, elle a peur, elle se trouve entourée par trois hommes, et surtout, elle ne sait pas à quelle sauce elle va être mangée.

Moi, ça ne me gênerait pas de faire l'émission avec quatre femmes.

Dès que je monte dans un taxi, le chauffeur ne me parle pas forcément du dernier film que je viens de faire, mais des « Grosses Têtes ». On sent que ces gens sont branchés à la même heure tous les jours pour écouter « les Grosses Têtes ».

Je me souviens qu'un jour Philippe dans ses questions perfides — car, Philippe a une grande perfidie — nous a demandé quelle était la particularité du pape Grégoire. Comme on a toujours envie de faire rire le public, du tac au tac, j'ai lancé : « C'était le fils du précédent. »

Philippe m'a regardé, très étonné, et m'a dit : « C'est ça, vous le saviez ? » La salle a hurlé de rire.

Ce qu'il y a de drôle dans ces questions, c'est qu'à force de dire des bêtises, on finit par tomber juste.

Chacun dans l'émission a sa spécialité. Un garçon brillant comme Kersauzon sera capable de faire croire qu'il nous lit une page d'un livre alors qu'il l'a fermé depuis longtemps, tant est grand son pouvoir d'improvisation.

Balutin nous fera un numéro de folie comique.

Jugnot, personnage à l'allure populaire, a, lui, l'entière adhésion du public qui aime bien se reconnaître à travers un artiste.

Ce qu'il y a de sympathique, c'est de venir là autour d'une table entre copains comme pour faire un jeu : on va jouer aux questions et chacun va dire ce qu'il a envie de dire, lancer une boutade.

Les gens attendent de nous qu'on empêche Castelli de raconter son histoire ou qu'on l'arrose et qu'on essaie de le déshabiller.

Le ton est venu tout doucement. Au départ, ça paraissait plus rigide. Puis, il y a eu de plus en plus de folies et Bouvard s'est dit — il a le génie pour ça — : « Aiguillons par là, c'est ce qui frappe le public. »

Nous, les comédiens, partons maintenant dans d'énormes folies qui, même si elles sont coupées au montage, vont apporter une certaine humeur dans l'émission. Ce qui importe c'est l'ambiance. »

TABLE DES MATIÈRES

I.	La petite tête, c'est moi...	11
II.	Les personnages et la comédie	31
III.	Les grands moments	73
IV.	Les meilleurs dialogues	105
V.	Des types à histoires...	147
VI.	Les couples se forment...	177
VII.	En pleine débilité	199
VIII.	Le courrier des auditeurs	207
IX.	« Les Grosses Têtes » s'expliquent...	233

L'impression de ce livre
a été réalisée sur les presses
des Imprimeries Aubin
à Poitiers/Ligugé

Achevé d'imprimer en novembre 1983

45.091113.5
N° d'édition, 83141. — N° d'impression, L 16072
Dépôt légal, novembre 1983